직장은 게임이다

직장은
게임이다

박용삼 지음

더난출판

판을 읽으면 수가 보인다!

OECD 가입국 국민 중 가장 불행한 축에 속한다는 한국인. 기회는 제한되어 있는데 욕구는 넘쳐나기 때문이다. 그러다 보니 늘 쫓기듯 살게 되고, 자연스레 갈등과 분노가 쌓인다. 특히 회사생활이 그렇다. 치열하게 공부해서 어려운 관문을 뚫고 들어온 직장인데도 썩 행복해 하는 사람이 드물다. 일도 일이지만 인간관계는 도무지 답이 나오지 않는다. 직장 처세를 다루는 책들이 넘쳐나지만 대부분 공자님 말씀의 범주를 넘지 못한다.

직장갈등을 이해하고 관리하는 방법으로 게임이론을 활용해보면 어떨까? 게임이론은 기본적으로 두 명 이상의 참가자 간의 상호작용을 다루는 학문이다. 어떤 행동의 결과가 자신의 행동뿐 아니라 다른 참가자들의 행동에 의해서도 영향을 받는 상황에서 어떻게 최적의 의사결정을 내릴 것인지를 분석한다.

로빈슨 크루소처럼 혼자 살아간다면 상호작용이랄 게 없고, 당연히 갈등도 없다. 하지만 상사, 동료, 부하와 끊임없이 부대껴야 하는 직장에서라면 상대방의 반응을 미리 예상하고 거기에 맞게 자신의 행동을 결정해야 한다. 직장갈등을 다루는 데 있어 게임이론적 사고방식과 해법이 유용한 이유이다.

게임이론은 1944년 폰 노이만과 모르겐슈테른이 함께 쓴 『게임이론과 경제행동(*Theory of Games and Economic Behavior*)』에서 이론적 기초가 마련되었다. 이후 경제, 경영은 물론 정치, 사회, 심리, 생물학 등 전 학문 분야에 파급되면서 다방면에 지대한 영향을 미치고 있다. 한마디로 게임이론은 복잡한 세상을 읽는 '단순하고도 강력한' 툴이라고 할 수 있다. 1994년 존 내쉬가 노벨경제학상을 수상한 이래, 최근 20여 년간 게임이론 학자들이 5회에 걸쳐 노벨상을 수상한 것만 봐도 그 학문적 가치를 미루어 짐작할 수 있다.

이 책은 《이코노미스트》에 30회에 걸쳐 연재했던 칼럼 「박용삼의 시네마 게임이론」에서 출발했다. 「시네마 게임이론」은 우리가 잘 아는 영화 속 명장면을 통해 게임이론의 핵심 개념들을 소개하려는 취지로 시작했다. 굳이 영화를 소재로 선택한 이유는 영화만큼 사람들 간의 갈등, 협조, 배신, 신뢰 등 온갖 상호작용을 극적으로 보여주는 사례가 없기 때문이다. 1년여에 걸친 연재가 끝난 후, 내용을 보완하고 거기에 직장에서의 갈등 상황을 덧붙여 책으로 내게 되었다.

이 책은 직장에서의 다양한 갈등 국면과 이에 대한 게임이론적 해석, 그리고 균형과 해법을 제시하기 위해 기획되었다. 일반 독자들의 이해를 돕기 위해 이론적으로 지나치게 딱딱한 내용이나 복잡한 수식을 배제하고, 핵심 개념 위주로 설명하려고 노력했다.

현장감을 높이기 위해 '달달제과'라는 가상의 회사에서 서운해 사장, 허무한 전무, 유난희 상무, 전성기 부장, 최고조 과장, 신나라 대리, 남의덕 사원 등 사이에 벌어지는 갈등 상황을 어느 회사에나 늘 있을 법한 사례를 가지고 묘사했다. 게임이론이 이런 갈등 상황을 어떤 관점에서 파악하고 또 어떤 처방을 내리는지 지켜보길 기대한다.

우선 「1장 우리는 모두 게임을 한다」에서는 내쉬균형, 절대우위전략, 혼합전략, 3인 게임, 포컬포인트, 제한된 합리성 등 게임이론에서 다루는 기본 개념들을 직장 내 갈등 상황을 배경으로 소개한다.

「2장 적인가 아군인가」에서는 직장 내 경쟁에 의한 좌우 갈등의 상황을 다룬다. 치킨게임, 성대결 게임, 매-비둘기 게임, 선점게임, 승자의 저주에 대해 소개한다.

「3장 회사는 회사, 나는 나」는 아마도 대부분의 직장인들이 가장 힘들어 할 상하 갈등에 대한 내용이다. 레몬마켓, 치팅게임, 주인-대리인 문제, 도덕적 해이, 공유지의 비극을 다룬다.

「4장 손 따로 발 따로」에서는 부서 간 갈등과 노사 갈등을 다룬다. 분업화와 전문화의 필요 때문에 회사 내에는 여러 부서가 존재하는데, 이들 부서 간 갈등이 지나쳐 회사 전체에 해를 끼치는 경우가 종종 있다. 죄수의 딜레마, 벼랑 끝 전술, 협상, 연속게임, 최후통첩 게임을 통해 회사 전체에 이득이 되도록 갈등을 조율하는 방법을 살펴본다.

마지막으로 「5장 싸우면 전쟁터, 즐기면 놀이터」에서는 직장 내에서 지속적으로 갈등을 관리하는 방법에 대해 살펴본다. 포지티브섬 게임, 역추론, 레퓨테이션, 락인전략, 코피티션, 메커니즘 디자인을 통해 좀 더 행복한 직장, 좀 더 튼튼한 회사로 나아가는 방법에 대해 살펴본다.

책이 나오기까지 많은 분들의 도움을 받았다. 우선 「신사업의 숨은 함정」 시리즈(2013.10~2013.12)를 인연으로 「시네마 게임이론」 시리즈(2014.1~2015.1)를 거쳐 최근 「박용삼의 테드플러스」(2015.4~) 시리즈를 기꺼이 연재해주신 《이코노미스트》의 남승률 편집장께 깊은 감사를 드린다. 다음으로 칼럼집 정도를 생각하고 있던 저자에게 직장 내 게임 상황을 추가할 것을 강력히 권해준 더난출판사 남은영 편집장께도 감사의 말씀을 전한다(두 편집장을 만나기 전까지 생전에 남씨 가문의 도움을 이렇게 받게 될 줄은 미처 몰랐다). 칼럼 연재를 응원하고 독려해준 포스코경영연구원 곽창호 원장님과 여러 선후배 연구원들께도 감사드린다.

이 책은 스트레스를 달고 사는 직장인들의 속풀이용으로 만들었다. 화를 달래고 힐링을 권하는 처세서들이 해장국 같은 속풀이라면, 이 책은 게임이론을 토대로 왜 화가 나는지, 왜 매번 지는지, 언제까지 이래야 하는지 등에 대해 차갑게 적었다. 시원한 콩나물국 같은 속풀이로 여겨주길 바란다. 이 책이 지금 이 순간에도 상하, 좌우, 부서 간 갈등에 속 태우는 우리나라 2,500만 직장인들에게 작은 위로와 조언이 되었으면 하는 마음 간절하다.

2015년 겨울 초입

한강 어귀에서

/ CONTENTS /

전 회사와
결혼했습니다.~

일들 왜 그렇게 밖에
못하나!!
직장은 전쟁터다!!

5장 싸우면 전쟁터, 즐기면 놀이터

등장인물

달달제과

알 만한 사람은 다 아는 중견 제과업체다. 왕십리 뒷골목 빵집에서 사회에 첫발을 내딛었던 서운해 사장이 한푼 두푼 모은 돈으로 독립해서 세웠다. 주로 달달한 과자를 만든다.

서운해 사장

전기도 안 들어오는 강원도 촌구석이 싫어 무작정 상경했다. 용케 빵집 조수로 일을 배우게 되었는데, 어깨가 쩍 벌어졌다는 이유로 밀가루 반죽만 20년을 했다. 달달제과를 설립해서 매출 2,000억 원 가까이 키워낸 건 순전히 반죽으로 다져진 기초체력 덕분이다.

허무한 전무

왕십리 시절부터 서운해 사장의 단짝이었고, 달달제과 창업 동지이기도 하다. 사람은 진짜 좋고, 능력은 진짜 없다.

상무: 유난희, 이기분, 한성질, 권태기……
부장: 전성기, 이번만, 조용한, 장소리, 이대로……
과장: 최고조, 하소연, 나원래, 배수진, 정화수……
대리: 신나라, 엄언아, 민기적, 고민중……
사원: 남의덕, 우연희, 하지만, 구여운……

달달제과 조직도

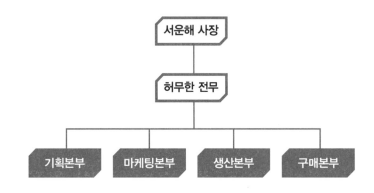

	기획본부	마케팅본부	생산본부	구매본부
상무	유난희	이기분	한성질	권태기
부장	전성기	이번만 조용한	장소리	이대로
과장	최고조 하소연	나원래	배수진	정화수
대리	신나라	엄언아	민기적	고민중
사원	남의덕	우연희	하지만	구여운

우리는
모두

게임을 한다

01

아,
어쩌란 말이냐

내수균형

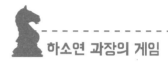

하소연 과장의 게임

달달제과 입사 7년차 하소연 과장. 지금 심각하게 이직을 고려하고 있다. 일 때문이 아니다. 처음 입사하고 나서 얼마간은 좀 버벅거린 게 사실이다. 하지만 이제 기획본부에서만큼은 누구나 알아주는 에이스가 됐다. 윗분들의 칭찬도 많이 받았고, 성과급도 제법 두둑하다. 하지만 딱 여기까지인가보다. 이제 그만 다녔으면 싶다. 남들은 배부른 소리라고 할지 모르지만 회사에서 마주치는 인간들이 모두 꼴도 보기 싫은 걸 어쩌겠는가. 다 때려치우고 어디로든 훌쩍 떠나고만 싶다.

제일 싫은 건 직속 상사인 전성기 부장이다. 그자는 사내에서 '내시'로 통한다. 사극에 나오는 간사하고 잔인하기까지 한 바로 그 내시 말이다. 아랫사람에게는 온갖 짜증과 욕설을 남발하다가도 임원들만 눈에 띄면 그야말로 척척 감긴다. 목소리까지 간드러지게 변하는 걸 보면 진짜 타고났다.

더 한심한 건 임원들이다. 내시 짓 하는 게 빤히 보이는데도 전성기 부장의 농간에 그대로 허물어진다. 임원들 눈에 전 부장은 한 마리 상처 입은 꽃사

습인가보다.

입사동기인 나원래 과장도 만만치 않다. 이 녀석은 항상 뒤통수를 친다. 살랑살랑 꼬리를 치며 점심을 먹자, 치맥을 하자 친한 척을 할 때가 제일 위험하다. 아니나 다를까 자기가 필요한 정보를 몇 가지 챙겼다 싶으면 그다음부터는 쌩~소리 나게 변한다. 이 녀석 눈에는 주변 사람들이 그저 먹잇감으로 보이나 보다. 왜 세상에는 뜯어먹는 자와 뜯어먹히는 자가 이토록 확연히 나눠지는지 모르겠다. 두 번 다시 속지 말자 다짐해보건만 매번 알량한 인정 때문에, 아니 더 솔직하게는 그 잘난 체면 때문에 번번이 당한다. 울화통이 터진다.

망둥이가 뛰니까 꼴뚜기도 뛴다더니 작년에 새로 들어온 남의덕 사원도 못 지않다. 이 XX는 이상하다 못해 징그럽기까지 하다. 하소연 과장이 직급은 까마득히 위지만 나이로는 두 살밖에 차이가 안 난다. 그래서인지 처음에는 거의 맞먹을 태세였다. 회의시간에도 얼굴을 빤히 보며 히죽히죽 웃는 게 영 기분 나쁘다. '이게 어디서 기어오르나' 싶어 한번은 날을 잡아 따끔하게 야단을 쳤다. 하지만 그때뿐이다.

'왜 회사에는 상하좌우 모두 이런 인간들만 있는 걸까? 내가 운이 지지리도 없는 걸까, 아니면 뭘 잘못하고 있는 걸까? 다른 사람들은 다 즐겁게 지내는데 나만 부적응자인 건가? 회사를 옮기면 좀 나아질까? 섣불리 옮겼다가 더 끔찍한 진상들을 만나게 되면 그땐 어쩌지?'

천재는 술집에서 무엇을 보았나

영화 〈뷰티풀 마인드(A Beautiful Mind)〉의 무대는 1940년대 전 세계 최고의 수재들이 모여들던 미국의 프린스턴 대학원. 웨스트버지니아 출신의 존 내쉬(러셀 크로우)는 자타가 인정하는 수학 천재다. 그는 천재의 전형이 그러하듯 지나치게 내성적이고 무뚝뚝하며 오만에 가까운 자기 확신의 인물이다. 정규 수업 정도는 대수롭지 않게 여겼던 그가 기숙사 유리창을 노트 삼아 집착했던 문제는 딱 하나, 다름 아닌 인간 세상의 이치를 설명하는 '균형이론'을 정립하는 것이었다.

어느 날 그는 학교 근처 술집에서 금발의 미녀를 둘러싸고 벌어지는 친구들의 신경전을 지켜보다가 섬광 같은 직관으로 '균형'의 단서를 발견해낸다. 그리고 이를 발전시켜 1949년에 27쪽짜리 논문으로 발표해 하루아침에 학계의 스타로 떠오른다. 과연 내쉬는 술집에서 무엇을 보았던 것일까?

모든 남성들이 금발의 퀸카에게만 동시에 데이트 신청을 하면 고작 단 한 명만이 선택될 뿐이다. 그럼 나머지 선택받지 못한 불행한 남자들은 꿩 대신 닭이라도 차지하려고 평범한 외모의 다른 여성들에게 우르르 몰려갈 수밖에 없다. 하지만 졸지에 닭이 되어 자존심이 상한 여성들이 순순히 마음을 열 리 만무하다. 결국 퀸카 커플을 제외한 나머지 모든 남성과 여성은 자기 짝을 찾지 못하게 되는 비극적인 상황에 도달한다. 이것이 바로 내쉬가 예견한 짝짓기 게임의 균형상태이다.

그렇다면 영화 속 청춘들의 이러한 의도와 행동, 그리고 그 결과 비롯되는 최악의 상황을 모두 고려했을 때 과연 최선의 선택은 무엇일까? 내쉬의 처방은 한마디로 각자 '주제 파악'하라는 것이다. 모든 남성들은 애당초 분에 넘치는 금발 퀸카에게 한눈팔지 말고 각자의 처지에 맞는 보통의 여성들에게 데이트 신청을 해야 한다. 그리고 여성들이 마음을 열고 이들의 프러포즈를 받아들이면 그때 바로 최악의 상황을 벗어난 새로운 균형에 도달할 수 있게 된다.

게임이론은 한마디로 균형을 찾는 학문이다. 복수의 개인과 조직이 각자의 이득을 극대화하고자 경쟁하는 상황에서 최종적으로 어떤 결과가 도출될 것인지를 미리 예측해보는 것이 목적이다. 내쉬의 위대함은 모든 비협조적 게임 상황에서 안정적인 균형점, 즉 '내쉬균형(Nash Equilibrium)'이 존재한다는 것을 수학적으로 입증했다는 데 있다. 내쉬균형에서는 게임 참가자들 중 어느 누구도 현재의 균형에서 벗어나려는 동기가 없어지는데 이는 마치 자연 생태계가 고요한 평형상태를 유지하는 것과 마찬가지 의미이다.

퀸카를 둘러싼 술집의 신경전 같은 일상적인 게임 상황도 많지만 역사로 기록된 유명 사건에서도 게임이론을 거론할 수 있다. 실제 사례를 하나 보자. 1961년 미국의 피그스 만(灣) 침공은 미국의 역대 대외정책 중 최악의 실패 사례로 꼽힌다. 1,400명의 쿠바 망명자들로 조직된 특수부대를 쿠바의 피그스 만에 상륙시켜 카스트로 정권을 일거에 무너뜨린다는 계획. 람보가 아닌 이상 성공 가능성이 극히

희박한 허점투성이 계획이었고, 아니나 다를까 100여 명이 사살되고 나머지는 모두 포로로 잡히고 만다. 당시 최고의 두뇌를 자랑했던 케네디 참모진이 어떻게 이런 엉성한 계획을 세웠던 것일까? 이유는 자명하다. 미국과 쿠바 정부 간 게임 상황하에서 상대방의 전략을 고려하지 않고 일방적으로 작전을 수립했기 때문이다.

내쉬의 균형 개념을 이론적 토대로 게임이론은 경제학뿐만 아니라 정치학, 경영학, 사회학, 심리학, 인류학, 생물학 등 놀라우리만치 다양한 분야로 활용 범위를 넓히게 된다. 특히 과거 냉전시대 미소 간 파국적인 핵무기 경쟁에서 각국이 취할 전략을 분석하는 데에도 크게 기여했다.

내쉬는 1994년 존 하사니, 라인하르트 셀텐과 함께 노벨경제학상을 수상했으며, 그 뒤를 이어 1996, 2005, 2007, 2014년에 걸쳐 노벨경제학상은 게임이론 학자들에게 돌아간다.

나에게 가장 유리한 균형점을 찾아라

게임이론에서 예측되는 균형이 반드시 모두에게 행복한 최적(Optimum) 상태를 보장하는 것은 아니다. A사와 B사가 경쟁하고 있다. 어느 날 A사가 B사의 고객을 빼앗고 시장점유율을 높일 목적으로 전격적으로 가격 할인에 돌입한다. 이를 눈치 챈 B사도 가만있지는 않을 것이고 A사보다 좀 더 가격을 내리는 것으로 대응한다. 뒤늦게 '아차' 하는 생각도 들겠지만 이미 엎질러진 물이 된 상황에서 A사는 또다시 가격 인하에 돌입하게 되고……. 두 업체 모두 나름대로는 매순간 합리적인 결정을 내렸지만 결과적으로는 아무도 원하지 않았던 균형, 즉 가격이 원가 수준까지 곤두박질치는 상황에 도달하고 만다. 실제 비즈니스 현장에서 종종 목격되는 출혈경쟁이나 치킨게임 등이 모두 이러한 가격전쟁 게임의 최종 균형을 의미한다고 하겠다.

따라서 기업 입장에서는 최대한 자신에게 유리한 균형이 도출될 수 있도록 노력할 필요가 있다. 상대방이 어떤 전략을 구사할지를 미리 내다보고 거기에 맞는 가장 최선의 대응책을 모색하는 것은 기본이다.

나아가 자신이 어떤 전략을 취할 것인지에 대해 상대방에게 명시적, 암묵적으로 신호를 보내거나, 혹은 평소의 평판 관리를 통해 상대방의 전략 선택에 영향을 미칠 수도 있다. (평소에 지독한 터프가이라는 인상을 심어놓거나 스스로 퇴로를 없애버리거나 한다면 누가 과연 내게 함부로 대들겠는가?)

기업 경영을 둘러싼 환경은 계속 변하게 마련이다. 특히 최근과 같은 상시 위기의 상황이라면 변화의 폭과 방향, 그리고 속도를 따라잡기가 힘들 지경이다. 베트남의 독립영웅 보응우옌잡(武元甲) 장군의 말을 빌리자면 경쟁자들은 의외의 시간, 장소에서 의외의 방법으로 공격해올 수 있다. 기업에게 이런 상황은 위협이 될 수도 있지만 새로운 기회로 작용하기도 한다. 경쟁자들이 우왕좌왕하는 사이에 차분히 미래의 새로운 균형 시나리오를 예측하고 자신에게 가장 유리한 균형점이 달성될 수 있게끔 지금 최선의 전략 옵션들을 준비하고 가다듬어야 한다.

회사를 옮긴다고 게임이 끝나지는 않는다

아, 어쩌란 말이냐? 하소연 과장의 고민은 이해가 되고도 남는다. 하지만 회사를 옮긴다고 해결될 문제가 아니다. 영영 직장을 그만둘 생각이 아니라면 말이다. 그렇게 쉽게 무릎 꿇을 거라면 애당초 고생해서 입사할 이유가 없다. 절이 싫어 떠나는 거라고? 더러워서 피하는 거라고? 자기 합리화일 뿐이다. 입사 이후 고생한 시간이 아까워서라도 어떻게든 달달제과에서 승부를 내야 한다.

혹시 다른 회사로 옮기면 아빠같이 자상한 상사, 형제같이 친절한 동료, 친동생처럼 고분고분한 부하들이 기다리고 있을 거라고 기대한다면 얼른 꿈 깨시라. 단언컨대 그럴 확률은 제로다. 어느 회사, 어느 조직에 가든 내시들이 득세하는 꼴을 봐야 하고, 여차하면 뒤통수 맞을 각오를 해야 한다. 능력은 없으면서 자존심만 세고, 거기다 선배 알기를 장기판의 졸 보듯 하는 후배들도 도처에 널려 있다.

직장은 게임이다. 어려운 입사 관문을 넘어 이미 게임의 세계에 발을 디딘 이상 게이머답게 행동하는 게 옳다. 모두들 그렇게 살아간다. 직장은 개개인의 다양한 개성과 드라마틱한 사연들이 얽히고설

킨 곳이다. 갈등이 없는 게 오히려 이상한 거다. 그 야단법석과 아수라장 속에서 자신만의 균형을 찾아가야 한다. 그게 게임이고, 거기에 게임의 묘미가 있다.

내쉬 교수의 명복을 빌며

〈뷰티풀 마인드〉의 실제 주인공 존 내쉬 교수는 1928년생인데 어렸을 때부터 천재성을 내비쳤다. 내쉬는 1948년 카네기멜론 대학에서 수학으로 석사 학위를 취득하고, 프린스턴 대학으로 옮겨 게임이론에 대한 연구를 본격적으로 시작한다. 당시 카네기멜론 대학의 지도교수가 프린스턴 대학에 보낸 추천서에 "이 학생은 천재다"라는 단 한 줄만 쓰여 있었다는 것은 유명한 일화다. 1950년 '비협력게임(Non-cooperative Games)'으로 박사 학위를 취득한 내쉬는 1951년 매사추세츠 공과대학(MIT)에서 처음 강단에 올랐고 1959년 29세라는 젊은 나이에 MIT의 종신교수가 됐다.

그러나 미국과 소련 간 냉전의 소용돌이 속에서 미국 정부의 암호 해독 프로젝트에 투입되면서 내쉬는 초조함과 강박관념의 노예가 되어간다. 결국 극심한 정신분열증으로 급기야 1959년 MIT로부터 권고사직을 당한다. 이후 내쉬는 유럽과 미국을 떠돌다 1960년 프린스턴 대학에서 교편을 다시 잡지만 그 후에도 입원과 퇴원을 반복하며 정신적으로 고통을 받아야 했다.

다행스러운 것은 1957년 결혼한 MIT 동기 알리샤가 끝까지 내쉬 곁을 지켰다는 것이다. 〈뷰티풀 마인드〉의 마지막 장면인 노벨상 시상식장에서 이제는 백발의 할머니가 된 알리샤에게 바치는 내쉬의 헌사는 오래도록 여운을 남긴다.

"내 인생의 가장 중요한 발견은 신비롭고 헌신적인 사랑이었습니다. 그리고 당신은 내가 존재하는 모든 이유입니다."

2015년 5월 24일, 존 내쉬 교수는 알리샤와 함께 택시를 타고 집으로 가던 도중에 교통사고를 당해 그토록 사랑했던 아내와 함께 세상을 떠났다. 영화에서 내쉬 역을 맡았던 러셀 크로는 트위터에 "아름다운 이성(Beautiful minds), 아름다운 열정(Beautiful hearts)"이라고 올리며 고인의 명복을 빌었다.

헷갈리네
정말

절대우위
전략

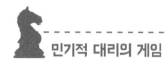

민기적 대리의 게임

입사 4년차 민기적 대리. '눈치가 밥 먹여준다'를 평생의 좌우명으로 여기며 살아왔다. 그 덕에 군대생활도 편하게 했고, 학교에 복학해서도 후배들 비위 맞춰가며 그럭저럭 잘 지낼 수 있었다. 회사라고 해서 다를 게 뭐가 있겠는가. 신입 때는 선배들한테 인사 꼬박꼬박 잘 하면서 나름 귀여움도 받았다. 그런데 요즘에는 감각이 무뎌진 건지, 총기가 떨어진 건지 영 눈치 센서가 작동하질 않는다. 솔직히 회사가 뭘 원하는지도 잘 모르겠고, 상사들도 다 제각각이니 도대체 어느 장단에 춤을 춰야 할지 모르겠다. 완전 헷갈린다.

지난주 브레인스토밍 회의에서의 일이다. 젊은 직원답게 참신한 아이디어를 내보라고 해서 평소에 생각해왔던 얘기를 꺼냈다. '요즘은 서비스화가 대세다. 잘나간다는 선진 업체들도 신사업 차원에서, 혹은 기존 제품의 판매 신장을 위해 이런저런 서비스 사업을 시도하고 있다. 달달제과도 지금처럼 제품만 팔 게 아니라 만든 제품을 소비자에게 직접 서비스하는 레스토랑사업을 하면 어떻겠느냐'는 취지의 의견을 냈다. 먹고 싶은 과자를 쟁반에 조금

솔직히 회사가 뭘 원하는지도 잘 모르겠고,
도대체 어느 장단에 춤을 춰야 할지 모르겠다. 완전 헷갈린다.

씩 담아 커피나 음료와 함께 마시게 하는 거다. 얼마나 좋은가. 제품 홍보도 되고, 신제품 테스트도 하고, 또 레스토랑 수입도 바라볼 수 있으니 말이다. 대단한 칭찬까지는 아니어도 최소한 대견하다는 소리는 나올 줄 알았다. 그런데 웬걸. 달달제과가 어떤 회사인데 겨우 동네 분식집이나 해야겠느냐며 한성질 상무가 노발대발하는 거다. 떡볶이 집 같은 게 아니라고 얘기를 했더니 그게 그거지 다를 게 뭐가 있느냐며 더 난리를 쳤다. 아니, 아이디어가 마음에 안 들면 그만이지 왜 게거품까지 물며 광분하는 걸까. 입사동기인 엄언아 대리, 사내 멘토인 배수진 과장이 좀 거들어주면 좋았으련만, 일단 상무가 미쳐 날뛰자 모두 딴청만 부렸다.

대인관계도 헷갈린다. 모처럼의 부서 회식, 막내부터 먹고 싶은 걸 시키라고 해서 약간 뜸을 들이다가 간짜장을 시켰다. 원래 이렇게 하는 거다. 눈치 없이 비싼 거 시키는 건 제 무덤 파는 짓이라고 『신입을 위한 오만 가지 지혜』라는 책에도 나와 있지 않은가. 그런데 책이 잘못된 건지 상사들이 이상한 건지 반응이 영 신통찮다. 신입이 신입다워야지 벌써부터 잔머리만 굴려서 어떻게 큰일을 하겠느냐며 핀잔만 들었다. 큰일? 무슨 큰일? 다음에는 샥스핀이나 불도장을 시켜볼 작정이다.

술 먹는 것도 가만두질 않는다. 많이 먹고 취하면 책임감이 부족하다 하고, 기어코 안 먹으면 팀워크가 약하다고 또 뭐라 한다. 술도 경쟁력이라고? 술 상무 시켜줄 것도 아니면서 경쟁력 좋아하신다. 또 있다. 사조직은 비윤리의 온상이고 학연과 지연은 공공의 적이라고 사장님이 매번 열변을 토하시지 않았던가. 그래서 지금까지 한 번도 사적 모임에는 나가질 않았다. 그랬더니 어느 날 고등학교 두 해 선배라는 이름 모를 사람이 전화를 해서는 '그딴 식'

으로 살지 말란다. 동문 선배 무시하고 얼마나 잘나갈지 두고보겠단다.

직장생활, 정말 어렵다. 앞으로 30년 넘게 해야 할 텐데 이런 식이라면 3년도 못 버틸 것 같다. 직장생활 잘하는 요령은 없을까? 이럴 때는 이렇게, 저럴 때는 저렇게 하라는 맞춤형 가이드 같은 게 있으면 밤을 새워서라도 달달 외웠을 텐데. 이 모든 게 다 우리나라 교육제도가 엉망이어서 그렇다. 직장이 이렇게 오리무중이고 암흑천지라는 것을 학교에서는 왜 한 번도 가르쳐주지 않았느냐 말이다.

직장 처세에 법칙이 어디 있나

세상 누구도 거짓말을 모르는 완벽하게 순수한 세상에서 당신만 유일하게 거짓말을 할 수 있다면 어떨 것 같은가? 누구나 한 번쯤 꿈꿔봤을 짜릿한 상상이다. 영화 〈거짓말의 발명(The Invention of Lying)〉은 바로 이런 발칙한 상상에서 출발한다. 마크 벨리슨(릭키 제바이스)은 '인류가 거짓말하는 방법을 (아직) 터득하지 못한 사회'에서 살고 있는 시나리오 작가이다. 어느 날 그는 다니던 영화사에서 해고를 당하고 설상가상으로 짝사랑했던 애나(제니퍼 가너)에게서도 버림을 받는다. 거짓말이 없는 세상인지라 사장으로부터는 해고 사유(무능함)를, 애나로부터는 퇴짜 이유(못생겼음)까지 들어야 했다.

졸지에 인생의 낙오자가 된 마크. 밀린 집세를 내기 위해 마지막한 푼까지 인출하려고 은행을 찾은 그는 우연한 순간에 일생일대의 전기를 맞는다. 일시적으로 은행 시스템이 다운되면서 온라인 잔고 확인이 불가능하게 된 것이다. 직접 잔고를 물어보는 은행 직원에게 그는 얼떨결에 300달러를 800달러라고 부풀려 말한다. (거짓말의 세계에 첫발을 내딛는 마크의 표정 연기가 압권이다.) 곧 시스템이 복구되어 잔고가 300달러밖에 없다는 데이터가 뜨지만(이때 마크의 울 것 같은 표정 또한 볼 만하다) 거짓말을 모르는 은행 직원은 시스템 오류라고 단정짓고 군말 없이 800달러를 지급한다. 와우!

거짓말의 놀라운 위력을 발견하게 된 마크. 그다음부터는 거칠 것이 없다. 카지노에 가서 빤한 거짓말로 떼돈을 벌고, 사실이 아닌 허구를 가지고 사실인 양 글을 써서 시나리오 작가로도 성공한다. (그러고 보면 요즘 소설가들은 모두 거짓말쟁이다.) 한술 더 떠서 삶에 지친 사람들, 죽음에 임박한 사람들에게도 거짓말로 희망과 안식을 주는 뜻밖의 선의를 베풀기까지 한다.

상대방이 모두 진실만을 말할 때 나만 혼자 거짓말을 할 수 있다면 최대한 거짓을 남발하면서 이익을 극대화하는 것이 정답이다. (인류가 등장한 이래 신의 권능이나 이데올로기를 빌미로 얼마나 많은 거짓말들이 난무했는지 떠올려보라.) 게임이론의 표현으로는 거짓말을 쏟아내는 것이 바로 절대우위전략(Dominant strategy), 즉 상대방의 행동 여하에 관계없이 언제나 내가 이길 수 있는 최고의 합리적 선택인 것이다.

물론 영화니까 가능한 상황 설정이다. 그러나 엉뚱한 상상이 보여준 세상은 어딘가 현실과 닮아 보인다. 직장생활은 언제나 혼란스럽고, 좌충우돌의 연속이다. 그러다 보니 많은 직장인들이 처세의 법칙이나 행동의 바이블에 기댄다. 영화에서처럼 절대우위전략을 찾는 것이다. 직장 내에서 흔히 보이는 싸움닭, 예스맨, 딸랑이들을 나무랄 수만은 없다. 나름의 절대우위전략을 찾은 사람들이기 때문이다.

그런데 한 가지 주의할 점이 있다. 절대우위전략에도 때때로 변화가 필요하다는 것이다. 영화의 예를 들자면 지금까지 세상에서 나만 혼자 거짓말을 할 수 있었는데 어느 순간부터 상대방도 조금씩 거짓말의 기술을 터득한다면 어떻게 될까? 그렇다면 더 이상 나의 빤한 거짓말이 먹힐 리 없고 당연히 전략상의 변화를 찾아야 한다. 상대방의 거짓말을 뛰어넘는 더 화끈한 거짓말을 만들어내든지, 상대의 거짓말을 믿는 척하며 나중에 뒤통수를 치든지, 이도 저도 아니면 오히려 진실로써 대응하는 변칙을 구사해보든지. 하지만 직장에서는 주변환경이 바뀌고 경쟁자의 전략이 변했는데도 기존에 선택한 전략을 '절대적으로' 신봉하는 사람들을 어렵지 않게 볼 수 있다. 절대우위전략의 '절대'란 말에 고지식하게 매달리는 것이다.

상황이 변하면 전략도 바뀐다

기업도 그렇다. 『초우량 기업의 조건(*In Search of Excellence*)』의 저자 톰 피터스나 『좋은 기업을 넘어 위대한 기업으로(*Goog to Great*)』의 저자 짐 콜린스가 지적하듯이 성공 기업이 몰락하는 가장 큰 원인은 한때의 성공 공식이 영원히 계속될 거라는 자기도취에 빠지는 것이다. 가장 먼저 상업용 디카를 개발해놓고도 기존 필름사업에 대한 미련을 놓지 못했던 이스트만 코닥(2012년 파산), 이동통신이라는 신천지를 개척해놓고도 디지털과 스마트화의 속도를 따라잡지 못했던 모토로라(2011년 구글에 인수) 등이 시대의 변화를 외면하고 한때의 절대우위전략에 집착했던 사례들이다.

미국의 시인 랄프 왈도 에머슨은 150여 년 전에 "좋은 쥐덫을 만들면 사람들이 당신 문 앞까지 길을 내어 찾아올 것"이라며 제품 성능의 중요성을 시적으로 표현한 적이 있다. 과연 그럴까? (당시 미국에는 쥐덫에 매달린 기업들이 많았던 모양이다. 미국 특허청에 등록된 쥐덫 특허만 4,400건에 달했다고 하니 말이다.) 쥐덫을 만드는 회사 입장에서는 더 혁신적인 쥐덫 기술개발에 사활을 걸겠지만 소비자들은 그저 무덤덤하다. 대~충 쥐만 잡으면 됐지 그 소재가 나무든, 금속이든, 플라스틱이든 상관없다. 산 채로 잡아도 그만, 죽여서 잡아도 그만인 것이다. 내가 생각하는 절대우위전략이 남들이 보기에는 턱없는 경우가 허다하다.

최초의 기술개발 경쟁도 그렇다. 내로라하는 기술력을 가진 기업들이 수면 밑에서 서서히 치고 올라오는 파괴적 혁신에 속수무책으로 당하는 경우가 많다. 미국 하버드 대학교 크리스텐센 교수가 지적하는 '성공기업의 딜레마(Innovator's dilemma)'이다. 골리앗이 살아온다면 아마 '그 꼬마(다윗)가 그렇게 나올 줄은 몰랐다'고 푸념하겠지만 뒤늦은 후회일 뿐이다. 기존의 기술 패러다임 내에서의 존속성 혁신(Sustaining innovation)에만 몰두하다 보면 새로운 패러다임의 부상에 둔감할 수밖에 없다.

결국 동태적 변화에 맞춰 유연하게 변신하는 것만이 정답이다. 즉, 유연성과 적응력만이 절대우위전략인 것이다. 모든 전략에는 유효기간이 있기 마련, 현 상황에서 아무리 우월한 전략일지라도 시장과 경쟁상황의 변화에 맞게 과감한 손질과 업그레이드가 반드시 필요하다. 컴퓨터의 원조라고 할 수 있는 IBM이 서비스 기업으로 업종전환을 한 것이나 나일론이라는 신천지를 개척했던 듀폰이 종합과학회사로 변신한 것에서 진정한 절대우위가 무엇인지에 대한 시사점을 발견하게 된다.

그래서 직장이 게임인 거다. 정해진 답은 없다. 스스로 판단해서 그때그때 최선의 전략을 짜내고, 거기에 맞게 의사결정을 해야 한다. 상대방의 입장과 반응까지 고려해야 하므로 더 어려워진다. 한 가지 다행스러운 점은 직장의 경우라면 어떤 상황에서도, 상대방이 어떤 행동을 해도 항상 우월한 '절대우위전략'이 있다는 거다.

아이디어를 내라고 하면 최대한 참신한 아이디어를 내는 게 맞다. 그게 장기적으로 절대우위전략이다. 상대방이 박수를 쳐주면 당연히 좋고, 혹시 비난을 하더라도 아이디어를 내고 비난받는 것이 입 꾹 다물고 있는 것보다는 결국에는 득이 된다. 대인관계에서도 스스로 판단해서 옳다고 생각되면 꾸준히 밀고 나가는 게 절대우위전략이다. 남들의 비난에 일일이 신경 쓰다보면 죽도 밥도 안 된다.

불행한 상무도 있고 행복한 과장도 있기 마련이다. 직장게임의 성패는 결코 어느 자리까지 올라가느냐로 결정되지 않는다. 또한 언뜻 보면 약삭빠르고 아부 잘 하는 사람들이 인정받는 것처럼 보이지만, 결국에는 일관되게 제 갈 길 가는 사람이 이기게 되어 있다. 사회와 직장이 요구하는 나의 본분을 다 하는 것, 그게 길게 봤을 때 가장 우월한 절대우위전략이다.

절대우위전략도 동태적으로 변해야 한다고 하지 않았느냐고? 윗사람이 바뀌거나 업무가 바뀌게 되면 당연히 나의 전략에도 전술적 조정이 필요할 수 있다. 허나 근본이 흔들릴 이유는 없다. 일에 임하는 자세, 직장을 바라보는 태도는 '절대' 바뀌어서는 안 된다.

골리앗은 환자

게임이론에서도 그렇고 실제 비즈니스 상황에서도 경쟁 상황을 묘사할 때 다윗과 골리앗의 비유가 흔히 인용된다. 그런데 『성경』을 보면 골리앗에 대해 다소 의아한 점들이 눈에 띈다. 우선 골리앗이 다윗과 싸우려 쉐펠라 골짜기로 내려올 때 시종의 손을 잡고 매우 천천히 걸어왔다는 기록이 있다. 일대일 결투를 하러 나오는 것치고는 좀 이상하다. 또 있다. 한눈에 봐도 다윗의 옷차림과 무기가 어설픈데도 골리앗은 한참이나 지나 다윗이 코앞에 와서야 알아챘다. 심지어 다윗은 지팡이 한 개만 들고 있었는데, 골리앗은 지팡이 여러 개로 착각을 했다.

최근 연구에 의하면 골리앗은 거인증의 일종인 말단비대증(Acromegaly)을 앓고 있었던 것으로 추정된다. 말단비대증은 뇌하수체에 생기는 양성 종양에 의해 성장 호르몬이 과잉 분비되는 병인데, 종양이 자라면서 시신경을 압박해 종종 심한 근시나 난시를 유발한다. 골리앗이 시종에 이끌려 천천히 걸었던 것도, 또 다윗이 다가오는 것을 잘 알아보지 못하고 지팡이가 여러 개로 보였던 것도 그 때문이었다. 골리앗은 강자가 아니라 환자였다.

피 말리는
눈치게임

혼합전략

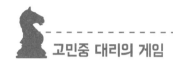

고민중 대리의 게임

출근하면서 고민중 대리는 이대로 부장의 안색을 흘끗 살폈다. 아무도 가르쳐주지 않는 직장생활의 생존 필살기, 바로 상사의 '안색읽기(Face reading)'. 이게 쉬운 것 같아도 적중률을 높이기까지는 고도의 숙련이 필요하다. 얼굴 표정만 보는 건 하수다. 넥타이 조임 정도, 머리 기울기, 입꼬리 각도, 그리고 앉아 있는 자세까지 세밀하게 살펴봐야 한다. 다각적인 관찰 데이터를 토대로 그때그때 상황에 가장 잘 어울리는 의전 멘트와 모션을 구사하는 것이 바로 유능한 대리로 인정받고 과장행 급행 티켓을 따내는 비법이다.

아, 그런데 오늘은 좀 난해하다. 눈에 잔뜩 힘이 들어가 있고, 어금니는 앙다문 상태다. 언뜻 보면 졸음을 참고 있는 것 같기도 한데, 가만히 뜯어보니 속으로 화를 누르고 있는 쪽에 더 가까워 보인다. 거북이 목으로 모니터를 노려보는 걸 보면 그다지 유쾌한 기분은 아니다. 키보드 자판 하나하나를 꾹꾹 누르는 걸로 봐서 불안정한 신체 리듬을 억누르려는 것 같다. 아, 그렇다면 틀림없다. 셋 중 하나다.

일단 숙취. 어제 오후 간부회의가 끝나고 사장 주재 회식이 있었다고 들었다. 술자리에서만큼은 챔피언이고 싶은 이대로 부장의 성격상 엄청 폭탄을 들이부었을 게 분명하다. 이럴 때 스윽 다가가서 "어이구, 술 많이 드셨나 봐요"라고 하는 건 "욕을 바가지로 먹고 싶어요"라고 고백하는 것과 다를 바 없다. 지금 부장은 쓰린 속을 달래가며 자신의 만용을 후회하고 있을 게 빤한데 공연히 들쑤셔서 좋을 게 없다. 이럴 때는 무심히 지나가는 말로 "요기 앞에 새로 생긴 콩나물 국밥집 가보셨어요? 끝내주더라고요"라고 해야 한다.

두 번째 가능성은 사장에게 개박살. 아침 일찍 사장 보고 건이 하나 있었는데 그게 잘못되었을 수 있다. 서운해 사장은 평소에는 남산골 선비처럼 조용조용한데, 보고를 받을 때는 180도 변한다. 보고 중에 뭔가 석연치 않은 부분이 나오면 슬슬 짜증을 내다가, 아무리 설명을 들어도 이해가 안 되면 예의 그 "이런, 제기랄"이 튀어나온다. 그다음은 상상에 맡긴다. 지금 이 부장이 키보드가 부서져라 타이핑하는 걸로 봐서 개박살 가능성을 무시할 수 없다. 이럴 때는 별 수 없다. 일에 미쳐 정신줄 놓은 모습을 보여야 한다. 어딘가 다른 부서에 전화를 걸어 "지금 회사 상황이 어떤 줄 빤히 알면서 그따위 한가한 소리나 해야겠어" 등의 멘트를 팍팍 날려줘야 한다. 벌겋게 달아오른 얼굴, 충혈된 눈, 금방이라도 터질 듯한 핏대까지 버무려지면 금상첨화다.

세 번째는 부부싸움. 요즘 이 부장님 큰 애가 고3이라서 하루도 조용히 넘어가는 날이 없다고 한다. 특히 사모님의 교육열과 엘리트 의식이 국내 최강이어서 완전히 애를 잡는 모양이다. 얼마 전에는 사모님과 전화통화를 하다가 이대로 부장이 부들부들 떠는 것도 봤다. 아, 그러고 보니 지금 이 부장의 동공이 풀려 있고, 횅하니 초점을 잃은 것 같기도 하다. 이때 취할 방법은 딱 하나, 죽은 척해야 한다. 얼쩡거리지 말고 가급적 눈도 마주치지 말아야 한다. 세상에는 오직 이 부장, 사모님, 그리고 고3 아들만 존재하는 거고, 나머지는 멸종되었거나 지구를 떠났다고 느끼게 해야 한다.

이제 결단의 순간이 임박했다. 입장을 확실히 정리해 신속히 행동해야 한다. 셋 중 하나, 어차피 확률게임이다. 고민중 대리는 세 가지 가능성에 대해 일단 20, 30, 50퍼센트의 확률을 부여했다. 그리고 혹시 모르니까 5분 정도만 더 관찰해보고 확률을 수정한 후에 최종 액션을 취할 결심을 한다.

승부차기에서 이기려면

4년마다 되풀이되는 월드컵은 누군가에는 허탈함으로, 누군가에는 분노로, 또 누군가에는 영광으로 기억된다. 월드컵 시즌에 잠시 머리 식힐 영화로 단연 최고는 〈골!(Goal!)〉이다. 주인공 산티아고 뮤네즈(쿠노 베커)는 열 살 때 멕시코에서 미국으로 건너온 불법이민자이다. 미국 국경을 넘을 때 수중에 가지고 있던 것은 단 두 가지, 축구공과 낡은 월드컵 사진뿐. 그만큼 축구에 대한 열정이 남다르다. LA에 정착한 가난한 이민자 신분으로 먹고살기 급급한 처지이지만, 틈틈이 축구 연습을 하며 실력을 키워나간다.

어느 날 행운이 찾아온다. 전직 프로축구 선수였다가 부상으로 은퇴한 글렌 포이(스테판 딜런)의 눈에 우연히 띄게 된 것. 그의 도움으로 산티아고는 잉글랜드 프리미어리그의 명문 팀인 뉴캐슬 유나이티드에서 입단 테스트를 받을 기회를 얻는다. 아버지의 반대 때문에 할머니가 몰래 마련해준 돈으로 간신히 비행기표를 구해서 도착한 잉글랜드. 하지만 골에 대한 지나친 욕심과 동료들의 텃세 때문에 산티아고는 입단 데뷔전을 망치고 마는데……

뒷이야기가 궁금하겠지만 영화 이야기는 여기까지 하고 축구 이야기를 해보자. 축구 경기에서 최고의 스릴은 승부차기가 아닐까 싶다. 90분의 전후반과 30분의 연장전을 통해서도 승부를 가리지 못했을 때, 각 팀에서 다섯 명이 키커로 나와 골키퍼와 일대일로 승부를 겨루는 게임이다. 키커와 골키퍼 모두 피가 마른다. 사실 승부차기는 이론상 키커가 이기는 싸움이다. 볼을 차는 지점과 골대와의 거리는 11미터, 키커의 발을 떠난 볼이 골라인에 도달하는 시간은 대략 0.4초다. 그런데 골키퍼가 공의 움직임을 보고 몸을 날리는 데 걸리는 시간은 0.6초. 따라서 제대로 차기만 한다면 득점 성공률이 100퍼센트가 되어야 한다. 그런데도 월드컵 승부차기 성공률은 70퍼센트대에 머문다.

심리전이기 때문이다. 경기장을 가득 메운 관중의 환호와 야유, 같은 팀 동료와 상대팀 선수들의 노려보는 시선, 그리고 전 세계 시청자들의 엇갈리는 주문. 성공하면 영웅이고 실패하면 역적이다. 오죽하면 승부차기를 '11미터의 러시안 룰렛'이라고 할까. 그래서 키커들은 가급적 땅볼로 차는 걸 선호한다. 크로스바를 넘기는 것에 대한 불안감 때문이다. 골키퍼는 웬만하면 좌우로 다이빙을 한다. 중앙에 가만히 서 있으면 무성의하다는 비난을 받을 수 있기 때문이다. 결과적으로 키커든 골키퍼든 주변의 시선과 실패에 대한 중압감으로 인해 스스로 최적 행동에서 멀어지고 만다.

그렇다면 승부차기에서 어떤 전략이 가장 좋을까? 그때그때 기분에 따라 슛이나 점프 방향을 정하는 것은 어리석다. 대신 가능한 옵션들에 대해 미리 확률을 정해놓고 여기에 따라 행동하는 것이 최적이다. 게임이론에서는 이를 혼합전략(Mixed strategy)이라고 부른다[반면 몇 개의 옵션 중 하나만을 골라 실행하는 전략은 순수전략(Pure strategy)이라고 한다]. 가위바위보를 할 때 줄곧 한 가지만 내는 사람은 멍청한 거고, 랜덤하게 아무거나 내는 사람은 정신 나간 거다. 대부분은 상대가 누구냐에 따라 또 상대의 과거 전략이 어땠는가에 따라 가위바위보를 어떤 비율로 낼지 생각을 한다. 혼합전략을 취하는 것이다.

프로축구 리그에서는 선수들이 승부차기를 할 때 암묵적으로 혼합전략을 택한다는 것이 이론적으로 입증된 바 있다. 유럽 프로축구 선수들의 승부차기 300여 건에 대한 데이터를 분석해봤더니 골키퍼의 점프 방향은 (골키퍼 쪽에서 봤을 때) 왼쪽, 중간, 오른쪽이 각각 49, 6, 45퍼센트였고, 키커의 슛 방향은 (키커 쪽에서 봤을 때) 왼쪽, 중간, 오른쪽이 각각 39, 29, 32퍼센트였다. 그 결과로 나타난 최종적인 슛 성공률은 약 85퍼센트. 월드컵 경기에서보다 훨씬 높다. 이로 미루어 볼때 심리적 부담감 때문에 즉흥적으로 슛을 하는 것보다는 사전에 정해놓은 확률에 따라 혼합전략을 구사하는 것이 한결 더 유리하다는 것을 알 수 있다.

수를 들키지 않고 허를 찌르는 법

직장도 마찬가지다. 강아지는 카드게임을 잘 못한다는 유머가 있다. 왜냐고? 좋은 패가 들어오면 꼬리를 흔들기 때문이란다. 매일매일 부딪치는 직장 내 의사결정 상황에서 강아지 취급을 받지 않으려면 자신의 패를 드러내지 않는 포커페이스가 필수다. 그러기 위해서는 어느 한 방향으로 고지식하게 행동하지 말고 때로는 강하게 밀어붙이고, 때로는 순순히 물러서는 것과 같은 유연함을 발휘해야 한다. 즉 몇 가지 전략을 놓고 혼합하는 것이 전략적 치밀함을 높이고 상대방의 예측가능성을 떨어뜨려 결과적으로 내게 유리한 결과를 가져오게 한다.

기업도 그렇다. 조선해양이나 화공, 발전 플랜트 등 해외 수주에 사활을 걸어야 하는 산업의 최근 실적이 매우 저조하다고 한다. 매번 지적되는 얘기지만 주된 이유는 저가수주 때문이다. 수주를 딴 후에 몇 년간 몸이 부서져라 일을 해봐야 결국 남는 거 없이 손해라는 얘기다. 물론 해외 수주 실적이 다음 번 수주의 레퍼런스가 되기 때문에 때로는 저가수주, 출혈수주도 필요한 전략이다. 하지만 한국 업체들끼리 매번 동일한 패턴이 이어졌다는 데 문제가 있다. 더군다나 중국 업체들까지 같은 전략을 들고 나온 마당에 기존의 수주 전략에 변화를 줄 필요가 있다. 상황에 따라 가격, 품질, 부대사업, 운영권 등을 매개로 혼합전략을 구사하는 것이 한 가지 방법이 될 수 있다.

기분 좋으면 낑낑대고, 기분 나쁘면 으르렁대는 건 구석기 원시인도 한다. 21세기를 살아가는 직장인이라면 원시인보다 단 얼마라도 고차

원적이어야 하지 않을까. 그래서 직장인에게는 천(千)의 얼굴이 필요한 거다. 때로는 억울해도 웃어야 하고, 통쾌해도 씁쓸한 표정을 지을 수 있어야 한다(항상 억울할 때 웃고, 통쾌할 때 예외 없이 씁쓸해 하는 건 사이코).

직장에서는 매일 상상할 수 있는 온갖 경우가 발생하고, 상상도 못 할 희한한 상황들이 느닷없이 추가된다. 이러한 변화에 맞춰 각자의 전략과 행동을 탄력적으로 수정해야 하는데 이때 필요한 것이 혼합전략이다. 가위바위보 할 때처럼 확률적으로 행동하라는 말이다. 혼합전략하에서는 싸움닭도 가끔씩 눈물을 보여야 하고, 집토끼도 때로는 이빨을 드러내며 으르렁거릴 필요가 있다. 그래야 예측불가능성이 높아져 상대방의 방심과 오판을 유도할 수 있다. 즉 나의 수(手)를 들키지 않고 상대의 허를 찌르는 것, 여기에 혼합전략의 묘미가 있다.

상사의 행동 패턴을 몇 가지로 구분하고 거기에 확률까지 매긴 우리의 고민중 대리, 그를 혼합전략의 달인으로 인정한다. 하지만 과장행 급행티켓? 그건 또 다른 얘기다.

승부차기의 최강자, 독일

2014년 브라질 월드컵의 우승국은 독일이다. 독일은 승부차기 최강국이기도 하다. 독일은 1982 스페인(준결승), 1986 멕시코(8강전), 1990 이탈리아(8강전), 2006 독일(8강전) 월드컵에서 승부차기를 모두 이겼다. 이들 경기에서 도합 18번의 승부차기 슈팅 중에 무려 17번을 성공시킨 것이다.

동서 통일의 위업, 수백 개의 히든챔피언 기업들, 유럽연합의 중심 역할에 이어 급기아 승부차기까지, 이래저래 독일은 배울 점이 참 많은 나라다.

편 잘 못
먹으면
끝장

3인 게임

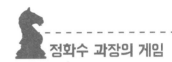

정화수 과장의 게임

이기분 상무가 정화수, 최고조, 배수진 과장을 한꺼번에 호출했다. 회의실로 모이라고 한 걸 보면 뭔가 일을 시키려는 게 틀림없다. "사장님 긴급 지시가 떨어졌어. 다음 달까지 기획안 두 개를 준비해야 해." 아니나 다를까, 역시 일이다. 이 상무의 짧은 지시에 박혀 있는 몇몇 단어들이 비수처럼 와 꽂힌다. '사장'(어휴), '다음 달'(허걱), '기획안'(젠장), '두 개'(……).

사람이 말을 할 때는 앞사람 표정을 봐가면서 수위 조절을 하는 게 기본 매너다. 그런데 이 상무는 자기 앞에 뭐 씹은 표정을 하고 있는 과장들이 사람으로 보이지 않나 보다. 참 천진하고 태평한 목소리로 무시무시한 말들을 덧붙인다. "두 기획안 중 하나는 내년에 추진할 신사업 전략이고, 다른 하나는 사회공헌 실행전략이야. 자네들 세 명이 합심해서 좋은 작품 한번 만들어봐."

상무의 얘기를 듣는 순간, 정화수 과장은 입사 짬밥이 자기보다 느린 최고조, 배수진에게 미뤄야겠다고 진작에 결심했다. 이처럼 좋은 기회는 잘난 후배들에게 양보하는 게 선배된 도리 아니겠는가. 또 두 명이 사이좋게 한 개

좋은 놈, 나쁜 놈, 이상한 놈……
게임에 참여하는 경기자가 많으면 많을수록 전략을 짜기가 한층 어려워진다.

씩 맡으면 다툴 일도 없을 테고. 그런데 이 상무가 일어서면서 덧붙인 마지막 한마디가 머리를 복잡하게 만들었다. "아, 깜빡했는데 말이야. 이번 연말 정기인사에 부장 T/O가 딱 하나 남았다고 하더라고. 미리 알려주는 거니까 참고들 하셔." 두둥 두둥 두둥. 어디선가 진군의 북소리가 들려왔다. 심장이 바운스 바운스 두근대 들릴까봐 겁이 났다.

자리로 돌아온 정화수 과장. 머리를 쥐어뜯으며 작전을 짜기 시작했다. 이 상무의 의도가 빤히 보이긴 해도 어쨌든 이번 기회는 부장행 막차 티켓이 분명하다. 이번에 또 물을 먹으면 과장으로 인생을 종쳐야 할지도 모른다. 몸이 산산조각이 나는 한이 있어도 무조건 이번에 승부수를 띄워야 한다. 그런데 기획안 두 개 중 어떤 거를 해야 할지 도통 판단이 안 선다. 신사업은 어떨까? 왠지 아닐 것 같다. 요즘 같은 불경기에 신사업 할 만한 게 뭐가 있겠는가. 그럼 사회공헌? 아, 그런데 사회공헌은 괜히 잘못 건드렸다가 언론이나 사회단체로부터 엄청 몰매를 맞을 위험이 있다.

완전 헷갈린다. 둘 중에 하나는 무조건 해야 할 텐데……. 가만있어 보자. 그런데 최 과장과 배 과장 얘네들은 지금 무슨 생각을 하고 있을까?

3인 게임의 묘미

원래 두 개까지는 쉽다. 그런데 세 개 이상이 되면 헷갈린다. 방정식도 X, Y까지는 어떻게든 견딜 만한데 슬그머니 Z가 나오면 숨이 가빠진다. 급기야 1부터 n까지 나대기 시작하면 대책 없다. 게임이론도 마찬가지다. 보통은 두 명이 게임을 한다. 스포츠가 대표적인데, 세 명 이상이 한꺼번에 권투나 태권도를 하는 걸 본 적 있는가? 그건 스포츠가 아니라 개싸움이다. 하지만 정치, 사회, 경제 분야에서는 선수가 두 명으로 제한되지 않는다. 북핵 게임에 참여(?)하는 주전 선수들만 해도 한국, 북한, 미국, 중국, 일본, 러시아 등 많기도 하다. 비즈니스에서도 수많은 업체들이 계약 하나를 따기 위해, 또는 소비자의 마음을 홀리기 위해 국경을 초월한 게임에 뛰어든다.

아주 오래된 영화, 필자 연배라면 '주말의 명화'를 통해 족히 열 번은 봤음직한 영화 한 편을 소개한다. 허름한 카우보이모자, 먼지투성이 망토, 두툼한 시가를 입에 문 우수에 찬 표정. 그렇다, 클린트 이스트우드를 서부영화의 대명사로 만든 바로 그 영화, 〈석양의 무법자(The good, the bad and the ugly)〉이다. 마치 거대한 풍경화를 그리듯 와이드 스크린으로 표현된 서부시대 장면들과 전통적인 오케스트라 연주에 전자기타를 버무린 엔니오 모리코네의 비장한 주제곡. 1966년 개봉한 이래 50여 년이 지난 지금 다시 봐도 전혀 촌스럽게 느껴지지 않는 영화사의 전설이다.

때는 남북전쟁이 한창이던 1860년대 미국. 착한 놈(The good) 블론디(클린트 이스트우드)는 멕시칸 현상수배범인 추한 놈(The ugly) 투코(엘리 웰라치)와 동업 중이다. 우선 블론디가 투코를 붙잡아 보안관에게 넘기고 현상금 2,000달러를 받아 챙긴다. 재판이고 뭐고 할 것 없이 투코는 즉시 교수형. 그런데 교수형이 집행되는 그 순간 어디선가 총성이 울리며 투코의 목에 걸린 밧줄이 끊어진다. 유유히 도망친 투코는 블론디와 현상금을 나눈다. 블론디의 사격 솜씨가 녹슬지 않는 한 꽤 괜찮은 동업 구도이다(자해공갈 보험사기단의 원조 모델인 듯).

어느 날 블론디와 투코는 남군의 군자금 20만 달러가 어느 공동묘지에 묻혀 있다는 정보를 듣고 보물찾기에 나선다. 이때 그들 앞에 독사처럼 찢어진 눈을 가진 나쁜 놈(The bad) 엔젤아이스(리 반 클리프)가 나타난다. 이제 영화는 세 명 중 누가 보물을 차지할 것인가의 게임이 된다. 천신만고 끝에 문제의 공동묘지에 도착한 그들 세 명은 태양이 작열하는 대지 위에서 최후의 결투를 벌인다. 박진감 넘치는 배경음악이 깔리고, 세 총잡이의 이글거리는 눈빛이 클로즈업된다.

추억의 명화를 잠시 멈추고, 게임이론으로 돌아가보자. 독일인 세 명이 모이면 전쟁을 벌이고, 프랑스인 세 명이 모이면 혁명을 일으킨다는 말이 있다. 그럼 한국인 세 명이 모이면? 아마도 서로 회장이 되겠다고 내분이 일어나지 않을까 싶다. 아무튼 두 명까지는 그저 일대일의 관계지만 세 명부터는 얘기가 복잡해지고 게임의 균형 해(解)를 찾기도 어려워진다.

게임이론 교과서에 자주 나오는 총잡이 게임을 보자. 세 명의 총잡이 A, B, C가 있는데 명중률이 각각 10, 50, 100퍼센트이다. 공정을 기하기 위해 명중률이 제일 낮은 A에게 먼저 방아쇠를 당길 기회를 준다고 하자. 그럼 A는 누구를 겨냥하는 게 가장 좋을까? 슬슬 머리가 아파질 독자들을 위해 정답부터 얘기하자면 A는 허공에 총을 쏘는 것이 답이다. 왜냐고? 빗맞아도 한 방이라고 공연히 B나 C 중에 한 명을 죽이게 되면 그다음에 A는 거의 죽은 목숨이다(B와 C는 A보다

명중률이 높다는 사실을 기억하자). 그보다는 일단 고래들(B와 C)끼리 먼저 싸우게 놔두고 둘 중 한 명이 죽으면 그때 가서 일격을 노려보는 게 확률적으로 더 유리하다. 이처럼 3인 이상의 게임에서는 직관에만 의지해서는 안 되고 경우의 수를 꼼꼼히 따져 최적 행동을 결정해야 한다.

3인 게임의 또 한 가지 묘미는 세 명 중 두 명이 연합체를 결성할 수 있다는 점이다. 이 경우 누가 누구와 손을 잡을지, 그리고 나머지 한 명은 어떤 전략을 구사할지에 따라 새로운 국면이 펼쳐지면서 게임의 최종 균형을 예측하기가 한층 더 복잡해진다.

게임이 복잡해지면 전략도 복잡해진다

비즈니스에서도 게임 플레이어가 여럿인 경우가 흔하다. 이때 일부 업체들은 연합체 결성, 즉 담합의 유혹을 강하게 느끼게 된다. 문제는 담합이 해당 업체들에게는 달콤한 과실을 가져다주지만 국가적으로는 경쟁 환경을 어지럽히고 소비자에게 해를 끼친다는 점이다. 그래서 각국 정부는 담합을 적발하기 위해 많은 노력을 하고 있는데, 게임이론적 관점에서는 기업체 스스로 담합을 포기하도록 만드는 것이 정답이다. 리니언시(Leniency) 제도가 그 일환이다.

리니언시는 '담합 자진신고자 감면제도'인데 담합 사실을 처음으로 자진신고한 업체에게 과징금 100퍼센트를 면제해주고, 두 번째

신고자는 50퍼센트를 면제해주는 제도이다. 이 제도는 담합 참가자 간의 불신을 조장해서 담합이 스스로 무너지게 하는 효과가 있다(적 발 시 과징금은 매출액에 비례하기 때문에 담합을 통해 가장 이득을 많이 본 기업 이 자진신고를 하여 처벌을 면하게 된다는 한계도 있다).

　기업 내부에서도 임직원들 간 학연, 지연, 직연(職緣)을 이유로 모 종의 담합이 발생한다. 애초의 취지가 아무리 순수했을지라도 회사 내 담합은 이너 서클(Inner circle)의 이득에 치중하게 되고 결국 서클 밖 직원들에게 본의 아닌 피해를 준다. 누구도 예외일 수 없다. 모 대 학 출신들이 요직을 독차지하는 것을 보며 울분을 터트리다가도 자 기 고향 선배가 높은 자리에 오르면 은근한 미소를 보내는 식이다. 임직원 개개인의 공정경쟁 마인드 제고도 필요하지만 그보다는 사 규 개정을 통해 '인적 담합'을 막는 제도적 장치를 마련해야 한다. 손 바닥만 한 한국 내에서도 끼리끼리 챙기는 데 몰두한다면 얼굴색 다 르고 언어도 다른 외국인들과 함께 어떻게 글로벌 경영을 해 나갈 수 있겠는가.

　담합 같은 반칙을 논외로 하고, 게임에 참여하는 경기자가 많아지 면 전략을 짜기가 한층 어려워진다. 이때 두 가지 방법이 있다. 하나 는 게임을 최대한 단순화하여 매회 게임에 참가하는 선수들의 수를 줄이는 방법이다. 월드컵처럼 지역 예선부터 시작해서 16강, 8강을 거치는 식으로 게임을 단순화하는 것이다. 정화수 과장의 경우라면 사전에 과장 회합을 통해 대표 선수를 미리 조율할 수 있으면 좋다. 세 명 중 한 명이 그럴듯한 핑계를 만들어 기권하는 식으로 말이다.

다른 한 가지 방법은 게임의 복잡성을 역으로 이용하는 거다. 다른 참가자들이 하이에나처럼 서로 물어뜯다가 제풀에 힘이 빠질 때, 멀뚱히 구경만 하던 사람에게 뜻밖의 기회가 올 수 있다. 어부지리(漁父之利)다. 실력이 부족한 정 과장 입장에서는 어떻게든 경쟁은 피해야 한다. 사장이 둘 중 어떤 프로젝트에 더 관심이 많다는 식으로 거짓 루머를 퍼트린 후, 실력에서 앞서는 두 명의 과장을 이 프로젝트에 몰아넣을 수만 있다면 대성공이다. 정 과장 본인은 외로운 꽃사슴처럼 묵묵히 다른 프로젝트에 임하면 된다.

그런데 만에 하나, 세 명 모두 똑같은 프로젝트에 뛰어드는 경우는 발생하지 않을까? 설마 하겠지만 자신감과 우월감이 뒤엉킨 불꽃에 경쟁이라는 휘발유가 적당히 부어지면 이런 경우도 심심치 않게 벌어진다. 결과적으로 이건 최악이다. 이 경우 세 명 중 두 명은 패배를 맛봐야 한다. 특히 머리로든 입사성적으로든 후배들에게 뒤지는 정화수 과장은 이런 상황만큼은 절대 피해야 한다.

직장은 게임이다. 주어진 게임 상황에서 어떻게든 최선의 솔루션을 찾아야 한다. 참가자 수가 많아 복잡하다고 해서 판을 엎을 생각일랑 버려야 한다. 누가 알겠는가? 게임이 복잡해질수록 뜻밖의 기회를 거머쥘 수 있을지. 한 가지 분명한 것은 지금쯤 다른 참가자들도 모두 머리를 쥐어뜯으며 쳇바퀴 같은 고민에 빠져 있을 거라는 점이다.

자, 이제 영화의 결말. 서부시대에 '으리' 따위는 없다. 그저 죽느냐 사느냐의 원초적 질문만 남는다. 블론디는 투코의 총에서 미리 총알을 빼두었고 따라서 엔젤아이스 한 사람만 쏘면 된다. 총알이 없는 투코는 누구를 쏘든 대세에 영향을 못 미친다. 엔젤아이스는 머리가 복잡하다. 결국 게임은 블론디가 엔젤아이스를 쏘아 쓰러뜨리는 걸로 끝난다. "세상엔 두 종류의 인간이 있다네. 장전된 총을 가진 자와 땅을 파는 자." 결투가 끝난 뒤 울 듯한 표정으로 금화가 묻힌 땅을 파는 투코를 내려다보며 블론디가 무표정하게 내뱉는 말이다. 서부개척과 남북전쟁이라는 혼란기에 선악추(善惡醜)의 경계는 흐려진다. 격동의 시대를 살아가는 지금, 이 영화가 낯설지 않은 이유이다. 공동묘지에서 세 명이 마주서서 벌이는 결투 장면은 영화 역사상 가장 많이 모방되고 패러디된 장면 중 하나이다. 이 영화를 모티브로 2008년에 한국에서 〈좋은 놈 나쁜 놈 이상한 놈〉이 만들어졌다.

대선도 3인 게임

과거 우리나라 대선을 보더라도 1987년(노태우, 김영삼, 김대중), 1992년(김영삼, 김대중, 정주영), 1997년(김대중, 이회창, 이인제), 2007년(이명박, 정동영, 이회창)에는 세 명의 후보가 끝까지 맞붙었다. 하지만 2002년(노무현, 이회창, 정몽준), 2012년(박근혜, 문재인, 안철수)에는 노무현–정몽준, 문재인–안철수 후보 간에 막판 연합이 형성되었다. 이렇게 되면 연합을 결성한 두 후보의 표가 합쳐지는 것 이상의 화학작용이 발생한다. 연합을 못마땅하게 여기는 이탈표가 생겨나면서 판세 예측이 급격히 어려워질 수 있다(관전의 재미는 배가된다). 미국 대선에서도 부동층 숫자가 많은 스윙 스테이트(Swing state, 위스콘신, 오하이오, 플로리다, 버지니아 등)가 어느 쪽으로 기울어지느냐에 따라 결과에 결정적 영향을 미치곤 한다.

내가 뭘
잘못했다고

포컬포인트

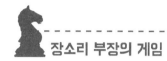

장소리 부장의 게임

장소리 부장은 가만히 문책 수위를 생각 중이다. 설마 파면이나 감봉까지는 아니겠지만 그 아래로도 견책, 주의, 경고가 있다. 잘리고 월급이 깎이는 것보다야 물론 낫겠지만 주의나 경고도 예삿일이 아니다. 경중을 떠나 경력에 한 번 빨간 줄이 가면 당분간 승진할 생각은 아예 접어야 한다. 갑자기 눈앞이 깜깜해지면서 머릿속에서 진공청소기가 윙윙거리기 시작한다.

오늘은 달달제과 창사 이래 가장 경사스런 날이다. 100년의 역사를 자랑하는 영국의 명문 초콜릿 업체 초쿠스와 역사적인 MOU를 맺는 날이기 때문이다. 여왕한테서 무슨 작위까지 받았다는 초쿠스 사장이 직접 달달제과를 방문하겠다고 한 것은 그야말로 파격이었다.

특히 오늘은 장소리 부장에게 더 특별한 날이다. 며칠 전, 허무한 전무가 직접 장 부장을 불러 MOU 행사의 모든 준비를 맡겼기 때문이다. 그때 장 부장은 하마터면 전무님 품에 안겨 눈물을 흘릴 뻔했다. 그만큼 전무가 자신을 눈여겨봐왔다는 증거가 아니고 뭐겠는가. 오늘 행사만 무사히 마치면 승진은 예약된 거나 마찬가지일 터. 눈치 빠른 몇몇 동기 녀석들은 벌써부터 한 턱내라고 성화다. '에구, 저 찌질이들. 그래 형이 한번 쏜다.'

티끌만 한 실수도 있어서는 안 된다. 정말 인간적으로 그래서는 안 되는 거다. 장 부장은 며칠 동안 거의 날밤을 새다시피 하며 회의실 세팅, PT 자료, 축하 현수막, MOU 서명용 만년필, 만찬 메뉴와 와인, 그리고 그쪽 관계자들 호텔 예약까지 모든 준비를 완벽하게 마쳤다. 혹시라도 놓친 게 있을까 싶어 직원들을 다그쳐 리허설까지 했다. 모든 게 완벽했다. 이제 남은 것은 비행기 도착시각에 맞춰 공항에 나가 초쿠스 사장 일행을 픽업만 하면 된다. 그것도 이미 조치를 끝냈다. 일찌감치 신나라 대리를 공항으로 보내놓은 것이다. 아무래도 영어는 요즘 애들이 더 나을 테고, 또 신 대리가 나름 예쁘장한 여자니까 외국 손님들에게 더 상냥하지 않겠는가. (여자여서 맡겼다는 얘기는 신 대리에게는 절대 하지 않았다.)

이제 조인식 시작 10분 전. 서운해 사장 휘하 모든 임원진이 대회의실에서 초쿠스 쪽 사람들을 기다리고 있다. 서운해 사장이 물을 두 컵이나 연달아 들이켜는 걸로 봐서 어지간히 초조한 모양이다. 그런데 왜 이렇게 늦는 걸까. 이미 도착할 시간이 지났을 텐데. 혹시 비행기가 연착이라도 한 걸까. 상황 파악을 위해 신 대리에게 전화를 걸려는 찰나, 장 부장의 시야에 낯선 풍경 하나가 잡혔다.

경비실 오 반장이 웬 초라한 노인네 한 명을 '데리고' 회의실 앞에서 쭈뼛거리고 있는 게 아닌가. '뭐지? 오늘같이 중요한 날에 말이야.' 노인을 째려보던 장 부장의 얼굴에 노골적인 불쾌감이 번졌다. 그러더니 차츰 의아함으로 변하는가 싶더니 당혹감을 거쳐 마지막에는 새파란 공포가 드리워졌다.

그 노인네, 불행히도 아는 얼굴이었다. 잡지에서 사진으로만 봐왔던 바로 그…… 남작인지 공작인지 하는 바로 그…… 아버지에게 회사를 물려받아 수백 배로 키워냈다는 바로 그…… 초쿠스 사장이 경비원에게 '붙들려' 등장한 거였다.

얼마나 지났을까. 장 부장은 여전히 초점이 풀리고 입이 반쯤 벌어진 실성한 모습으로 그 자리에 굳은 듯 서 있다. 그의 눈은 MOU 테이블에 앉아 있는 초쿠스 노인네를 향하고 있다. '순수 귀족 혈통이 아닌 게 분명해. 귀족이라면 최소한 이런 식으로 나타나면 안 되는 거잖아. 옷도 저게 뭐야. 후줄근한 면바지에다, 위에 걸친 건 잠바야 뭐야.' 서운해 사장은 초쿠스 사장의 비위를 맞추느라 손짓 발짓까지 해가며 열심이다. 허무한 전무는 '쏘리 쏘리, 베리마치 쏘리'를 한 백 번쯤 한 것 같다.

사장과 전무를 뺀 나머지 임원들은 약속이나 한 듯이 장 부장을 노려보고 있다. 그들 눈에서 뿜어져 나온 레이저 불빛이 장 부장의 몸에 수없이 꽂혀 있다. 어떤 임원은 입으로 '슉~슉~' 하는 거친 소리까지 내고 있다. 그들의 분노와 적개심을 온몸으로 떠안은 장 부장의 얼굴에는 세상사 모든 번뇌를 놓아버린 염화미소가 번지고 있다. 해탈, 열반 이런 단어들이 머리 위를 어지럽게 날아다닌다. 그런데 속세의 미련인 듯, 마지막으로 꼭 보고 싶은 얼굴이 있다. 미국 사람보다 영어를 더 잘한다던 그녀, 늘 재기발랄한 모습으로 모든 임원들의 사랑을 독차지했던 그녀. 신나라 대리는 지금 대체 어디서 뭘 하고 있는 걸까?

상호 교감은 우연인가 필연인가

스마트폰은커녕 삐삐도 없던 시절, 놀이공원에서 인파에 떠밀려 서로를 놓치게 된 커플이 휴게실이나 공원 입구에서 우연히 다시 만나는 경우가 있다. 미팅에서 만난 그(녀)와 언제, 어디서 다시 만나기로 했는지 기억을 못해 낙심하다가 크리스마스이브 때쯤 마로니에 공원이나 교보문고에서 영화처럼 재회한 경험도 있을 것이다. 이처럼 서로의 행동에 대해 각자가 가진 기대가 일치하는 포인트, 즉 두 사람 간의 무의식적인 합의점을 게임이론에서는 포컬포인트(Focal point, '초점'이라는 뜻)라고 한다.

30, 40대 이상이라면 누구나 기억하고 있을 영화 한 편을 소개한다. 1993년 개봉한 〈시애틀의 잠 못 이루는 밤(Sleepless in Seattle)〉. 우리말로는 이심전심(以心傳心), 영어로는 텔레파시의 진수를 보여주는 유쾌한 로맨스 영화다. 로맨스인 만큼 당연히 주인공은 두 명. 남자는 아내를 암으로 먼저 보내고 졸지에 애 딸린 홀아비가 된 건축가 샘(톰 행크스), 여자는 크리스마스이브에 아름다운 로맨스를 꿈꾸는 미혼의 신문기자 애니(맥 라이언).

전혀 다른 삶을 살던 두 주인공의 운명적 만남은 어느 날 애니가 운전 중에 우연히 라디오를 들으면서 시작된다. 샘의 여덟 살배기 아들이 엄마를 잃고 실의에 빠진 아빠를 보다 못해 인기 라디오방송의 인생상담 코너에 전화를 건 것이다. 크리스마스 선물로 아빠에게 새엄마를 보내달라는 아들의 소원과 죽은 아내에 대한 샘의 애틋한 회상을 들은 애니는 자신도 모르게 울음을 터뜨린다. 그리고 혹시 샘이 자신의 운명적인 짝이 아닐까 하는 엉뚱한 상상을 한다. 그 후로 얼굴도 모르는 샘에 대한 생각이 머리를 떠나지 않고, 연민인지 사랑인지 모를 감정에 불면의 밤이 계속된다. 과연 샘과 애니는 운명적으로 연결될 수 있을까?

어느 밸런타인데이 밤. 애니는 혹시 모를 기대감에 이끌려 엠파이어스테이트 빌딩의 전망대에 오른다. 우수에 찬 얼굴로 전망대를 거니는 애니의 눈에 주인을 잃은 어린이 배낭 하나가 들어온다. 방금 전까지 전망대에 있던 샘과 아들이 깜빡 잊고 놓고 간 것이다. 가방을 찾으러 샘이 다시 전망대로 올라오는 것은 당연지사. 두 사람은 그렇게 운명의 포컬포인트(엠파이어스테이트 빌딩 전망대)에서 마주치게 된다.

영화 속 두 사람처럼 달콤하진 않지만 우리 일상에서도 포컬포인트가 많이 있다. 일례로 여럿이 식사를 했는데 혼자 감당 못 할 정도의 계산서가 나오면 어떻게 하겠는가? 외국 사람이라면 각자 '먹은 만큼' 더치페이할 공산이 크고, 한국 사람이라면 물어볼 것도 없이 '머릿수대로' 엔분의 일($1/n$)이다(가끔 의협심을 주체 못해 쏘겠다는 사람이 나타나기도 한다).

어느 쪽이 더 합당한가에 관계없이 구성원들 간에 합의가 암묵적으로 이루어진다면 어느 것이나 포컬포인트가 될 수 있다. 이규태의 『한국인의 의식구조』를 보면 마지막 남은 고기 한 점에 차마 손을 못 대는 이유는 '우리'가 함께 먹는 게 아니라 '내'가 혼자 먹는 게 되기 때문이라고 한다. 한국인들의 의식구조상 '우리'가 아닌 것은 본능적으로 거부하게 되어 있다는 것이다. 이것도 포컬포인트이다. 특히 직장에서는 마지막 고기 한 점에는 절대 눈길을 보내서는 안 된다.

갈등은 균형을 찾아가는 과정이다

포컬포인트는 협상 등에서 게임 참가자들의 의사나 행동이 저절로 조율될 가능성을 다루는 데 있어 중심적인 개념이다. 예를 들어보자. A와 B가 100달러를 나눠 가져야 한다. 각자 종이에 자신이 원하는 금액을 적는다. 두 종이에 적힌 금액의 합이 100달러를 넘지 않으면 각자 자신이 적은 금액만큼을 받을 수 있다. 반면 100달러를 넘으면 둘 다 한 푼도 받지 못한다. 서로 소통이 불가능한 상황에서 당신이라면 얼마를 적겠는가?

이 문제는 게임이론으로 2005년에 노벨경제학상을 수상한 토마스 셸링의 저서 『갈등의 전략(The Strategy of Conflict)』에 나온 것이다. 이미 눈치챘겠지만 명확한 정답은 존재하지 않는다. 하지만 대부분의 사람들은 50달러(혹은 그보다 약간 적은 금액)를 적어 낼 것이다. 게임이론에서의 균형은 여러 개가 존재하는 경우가 많은데, 이때 특정 균형이 최종적으로 선택되는 데에는 포컬포인트가 핵심적인 역할을 한다.

비즈니스도 마찬가지다. 기업 간 경쟁에도 상도(商道)라는 이름의 포컬포인트가 있어야 한다. 그래야 탐욕에 눈 먼 비윤리적 행동이나 '갈 때까지 가보자'는 출혈경쟁을 막을 수 있다. 여전히 진행형인 경제민주화도 그렇다. 경제논리와 정치논리, 대기업과 중소기업의 입장이 상충되기 때문에 어차피 정답은 없다. 지금처럼 정부가 나서면 앞으로 정권이 바뀔 때마다 논란이 되풀이될 게 뻔하다. 대형마트와 재래시장, 프랜차이즈와 골목상권 스스로 서로의 공생 접점, 즉 포컬포인트를 '법'과 '힘'이 아닌 '상식'과 '순리'에서 찾아야 한다.

회사 내부도 그렇다. 예전에는 사원에서 출발하여 주임, 대리(갑/을), 과장, 차장, 부장 순으로 직급이 있었다면 이제는 그냥 퉁쳐서 '○○씨'나 '△△매니저'로 부르는 기업들이 많다. 서열을 파괴하여 경직된 조직문화를 개선하자는 취지는 좋다. 하지만 ○○씨들과 △△매니저들의 행동을 규율하고 조정할 암묵적인 룰(Rule), 즉 포컬포인트가 있어야 한다. 그렇지 않다면 밖에서 보기에는 슬림하고 평등해 보이는 조직이 실상은 '위아래도 없는' 당나라 군대가 되기 십상이다.

매년 일하기 좋은 직장(Best companies to work for)으로 선정되는 구글이나 SAS 같은 회사를 참고할 필요가 있다. 위로부터의 인위적인 통제가 덜한 대신 동료들 간의 압박과 엄정한 역할분담이 작동하고 있다. 그래야만 조직의 건강이 유지될 수 있는 것이다. 상식이 통하는 정상(正常)의 테두리 내에서 조직의 특성과 비전에 부합하는 포컬포인트를 만들어가는 것이 경영진과 임직원의 숙제이다.

결국은 포컬포인트의 문제다. 직장에서 발생하는 게임 상황은 균형이 여러 개인 경우가 많다. 게임이 진행되는 여건과 환경에 따라 균형이 달라질 수도 있다. 이때 '척하면 척'이라고 게임에 참가하는 구성원들 간에 사전 교감이 있으면 시간과 노력을 들이지 않고도 쉽게 균형에 도달할 수 있다. 직장 내 암묵적인 포컬포인트가 만들어지려면 직급의 높고 낮음을 떠나 각자가 바라보는 방향과 눈높이를 맞춰야 한다. 그러려면 물론 시간이 걸리고 그 와중에 어느 정도의 갈등과 부대낌은 감수해야 한다. 그게 싫다고 각자 플레이를 하게 되면 언제든 사달이 난다.

교감이 없으면 손발이 고생한다

천만다행으로 MOU는 잘 끝났다. 초쿠스 사장은 의전 따위에 연연치 않는 너무 쿨~한 영국 귀족임이 입증되었다. 서운해 사장과 초쿠스 사장은 나이도 같고, 술 좋아하는 것도 같아서 완전 절친이 되기로 했단다. 양쪽 회사 차원에서도 서로 주고받을 게 많아 기대 이상의 시너지가 날 거라고 한다. 덕분에 장소리 부장은 평생 먹을 욕을 한꺼번에 다 먹는 대가로 목숨은 부지했다.

신나라 대리도 평생 바보소리 듣는 대가로 죽다가 살았다. 나중에 확인된 바에 의하면 신 대리는 분명 일찌감치 공항에 나가 입국장 제일 한가운데 자리를 잡고 초쿠스 사장을 목이 빠져라 기다렸단다. 그런데 아무리 둘러봐도 명품 수트를 빼입고, 경호원들의 호위를 받으며 성큼성큼 들어오는 숀 코네리는 없더란다. 죄다 한국 단체여행 객들뿐. 외국인이라야 고작 배낭 하나를 둘러매고 허둥지둥 달려 나오던 후줄근한 외국 노인네 한 명이 전부였다나.

국가 간 경계선

서로 대치하고 있는 A와 B, 두 나라가 있다. 양국 모두 영역을 넓히려 하지만 그렇다고 충돌을 원하지는 않는다. 만일 양국의 경계선이 충돌하거나 엇갈리게 되면 전쟁은 불가피하다. 이 경우 각 군대의 사령관이 선택할 경계선은 어디가 될까? 본문에서 언급한 토마스 셸링의 저서에 나오는 문제이다. 역시 정답은 없다. 아니 너무 많다. 상식적으로 택할 수 있는 포컬포인트는 위도나 경도 등 지리적인 분기점, 혹은 산이나 강 등 지형지물이 될 것이다.

한반도를 반으로 가르고 있는 휴전선은 1953년 7월 27일 정전협정 직전 순간까지 UN군과 북한군이 점유하고 있던 영역을 기준으로 했다. (그렇게 그어진 휴전선은 위도상 북위 38도 부근에 위치하고 있지만, 38선과 비교해 서쪽 경계는 남하하였고 동쪽 경계는 북상하였다. 그래서 북한 땅 개성은 38선 이남이고, 남한 땅 속초는 38선 이북에 있다.)

누가 더
바보일까?

제한된
합리성

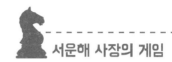

서운해 사장의 게임

정기인사가 코앞이다. 서운해 사장은 이번 인사 대상자 명단과 프로필을 앞에 놓고 있다. 임원 승진 대상자 둘, 부장 승진 대상자 둘이다. 우선 마케팅 본부 조용한 부장. 대학 학력은 누가 뭐래도 우리 회사 톱이다. 거기다 미국 MBA까지. 입사 후 지금까지 나름 열심히 회사생활을 해왔던 것 같다. 그런데 언제부턴가 사람이 맛이 갔다. 혼자서 멍하니 복도를 배회하지를 않나, 밥도 혼자 먹지를 않나. 회의에도 넋 나간 사람처럼 앉아 있다가 엉뚱한 대답을 하기 일쑤다. 집에 문제가 있는 건지, 빚보증 잘못 섰다가 사기라도 당한 건지는 모르겠지만 이렇게 자기 관리가 허술한 사람을 임원 자리에 앉히기는 좀 그렇다.

다음은 생산본부 장소리 부장. 음…… 장 부장은 사리분별이 확실하다. 역시 여자들이 더 똑똑하다. 솔직히 지금 당장 상무 자리에 앉아도 문제될 게 전혀 없다. 월급만 축내면서 뭘 물어봐도 우물쭈물, 안절부절 못하는 남자 부장 녀석들보다 백배 낫다. 그런데 뭐랄까…… 너무…… 나댄다. 나이도 거의 아버지뻘인데다 사장인 내 앞에서도 또박또박 할 말 다 하는 걸 보면 다른 자리에서는 어떻게 할지 안 봐도 빤하다. 장 부장을 임원시키면 다른 남자 임원들은 하나같이 기도 못 펴고 죽어지내지 않을까 걱정이다.

부장 중에 마땅한 임원감을 정하지 못한 채 서운해 사장은 과장들로 눈길을 돌린다. 우선 나원래 과장. 얘는 머리부터 발끝까지 퀘스천마크다. 몇몇 상무들이 추천하기에 뭔가 모르는 강점이 있겠거니 했는데 아무리 눈여겨봐도 영 가늠이 안 된다. 학벌이 좋은 것도 아니고, 그렇다고 눈에 띄는 실적을 낸 것도 아니고……. 아, 군대 갓 제대한 애처럼 인사는 넙죽넙죽 참 잘한다. 그런데 언제까지 인사 하나로 버텨낼 수 있을까.

다음에 얘는 누구지. 정화수 과장? 아, 그 축구 잘하는 애. 얘는 좀 더 두고 봐야겠다. 전에 단합대회 때 축구하는 걸 보니까 제법 조기축구 필이 나긴 하던데. 그럼 뭐하나, 패스는 한 번도 안 하더라. 얘는 무슨 축구를 1:21로 하는가 보다. 과장급 인사야 임원들에게 일임해놔서 사장이 직접 나서기는 좀 그렇긴 한데. 아무튼 얘는 안 된다. 하나를 보면 열을 안다고, 패스 안 하는 애들은 언젠가 문제를 일으킬 게 뻔하다.

서 사장은 여기까지 보다가 서류철을 덮었다. 왜 우리 회사에는 다들 약간씩 모자란 애들만 있는 건지 한숨만 나온다. 애초에 잘못 뽑아서 그런 건지, 아니면 원래는 괜찮은 애들인데 회사 와서 점점 맛이 가게 된 건지 도통 모르겠다. 이번 정기인사가 걱정이다. 한 명도 승진 안 시킬 수도 없고, 그렇다고 찜찜한 기분으로 아무나 시킬 수도 없고…….

우리 모두 함량미달인 바보

영화 〈덤 앤 더머(Dumb and Dumber)〉는 로이드(짐 캐리)와 해리(제프 다니엘스)라는 바보 콤비가 주인공이다. 죽마고우인 그들은 한 명이 바보짓을 하면 다른 한 명이 거기에 한두술 더 뜨는 '레알' 바보들이다. 그들의 꿈은 부지런히 돈을 모아 언젠가 아담한 애견센터를 하나 차리는 것. 돈을 모으기 위해 로이드는 공항리무진 기사로 일한다. 그러던 어느 날, 매리(로렌 홀리)라는 부잣집 여자를 공항까지 태워주다가 매리가 흘리고 간 돈가방을 발견한다.

그런데 그 가방은 납치당한 남편의 몸값으로 매리가 납치범들에게 전달하려고 일부러 놓아두었던 것. 그걸 모르는 로이드와 해리는 매리에게 가방을 돌려주려고 매리를 좇아 장거리 여행에 나선다(바보들은 보통 착하다). 이를 눈치챈 납치범들은 그들을 좇아가고, 또 FBI는 납치범들을 좇아간다. 바보 두 명이 의기투합하자 온갖 창조적인(?) 헛발질과 기상천외한 해프닝이 이어지는데, 과연 이들은 매리를 만나 제대로 돈가방을 전달할 수 있을까?

'어쩜 저렇게 바보 같을까' 하고 생각하겠지만 우리는 두 바보와 과연 다를까? 전통 경제학에서는 100% 합리적인 인간, 즉 호모 이코노미쿠스(Homo economicus)를 다룬다. 상황을 정확히 파악하고 이것을 바탕으로 기대 이익을 극대화하는 선택을 한다는 것이다. 따라서 로이드와 해리 같은 바보들은 불행히도 경제학의 분석 대상이 아니다. 그런데 현실에서 과연 정확한 상황 판단을 바탕으로 최적의 선택을 하는 것이 가능할까?

유튜브에 '원숭이 착시(The monkey business illusion)'라는 제목의 재미있는 동영상이 올라와 있다. 흰색과 검은색 티셔츠를 입은 여학생들이 농구공을 패스하고 있는데, 이 중 흰색 티셔츠의 학생들이 몇 번 패스하는지를 세어보는 것이 과제다. 그런데 동영상 중간에 고릴라 분장을 한 사람이 슬그머니 나타나 자기 가슴을 양손으로 두드리며 지나간다.

영상이 끝난 후 패스 회수를 세어본 사람들에게 그 고릴라를 보았는지 물어보면 약 절반 정도는 언제 고릴라가 나타났냐고 어리둥절해 한다. 한 가지에 몰입하면 그 외의 것들은 놓치게 되는 인간의 인식한계를 잘 보여주는 사례다. 사람들이 얻을 수 있는 정보에는 한계가 있고, 주변 상황을 인지하고 수집된 정보를 처리하는 능력도 불완전할 수밖에 없다. 결국 우리 모두도 경제학의 100퍼센트 합리성 조건에는 약간씩 함량미달인 바보들인 것이다.

인간의 완벽한 합리성에 대해 본격적으로 의문이 제기된 것은 1950년대부터다. 1956년 카네기멜론 대학교의 허버트 사이먼(Herbert Simon) 교수는 '제한된 합리성(Bounded rationality)'이란 개념을 제시하고 정보 부족, 인지능력의 한계, 시간적 제약 등으로 인해 인간은 부분적으로만 합리적이라고 주장했다. 그 이후로 제한된 합리성에 대한 연구가 꾸준히 이어졌는데, 그중에 두드러지는 것이 행동경제학(Behavioral economics)이다. 재미있는 실험 결과 하나를 소개한다.

미 방역 당국이 신종 바이러스를 발견했는데, 방치할 경우 600명이 목숨을 잃게 된다. 당국은 두 가지 전략을 마련했는데, A안을 따르면 200명을 살릴 수 있다. B안은 600명 모두를 살릴 확률이 3분의 1, 전원 사망할 확률이 3분의 2다. 기대치를 계산해보면 A와 B는 무차별하다. 하지만 실제 질문을 해보면 응답자 대부분이 A안을 선호한다. 200명이라도 확실히 살리는 것이 혹시라도 전원 사망할 위험을 감수하는 것보다 낫다고 본 것이다. 똑같은 질문을 다음과 같이 말을 바꿔 표현할 수도 있다. A안을 따르면 400명이 죽는다. B안을 따르면 전원 생존할 확률이 3분의 1, 전원 사망할 확률이 3분의 2다. 이렇게 바꿔 물으면 대부분 B안을 선호한다. 400명이나 사망하는 걸 지켜보느니 차라리 가능성은 낮지만 모두를 살리는 모험을 택하겠다는 것이다.

합리성의 덫에 빠지지 마라

제한된 합리성에 관한 이론은 '만족화(Satisficing)'라는 용어로 집약된다. 만족화는 만족하다(Satisfy)와 충분하다(Suffice)의 합성어인데 사람들이 효용의 극대화를 추구하지 않고 본인이 충분하다고 생각하는 수준에서 생각을 멈춘다는 의미다. 즉 모든 조건들을 일일이 머리 아프게 따지는 대신 사고의 지름길(휴리스틱, Heuristics)을 택해서 의사결정에 드는 시간과 노력을 절약한다는 말이다.

예를 들어 서울 시내에 이사 갈 집을 구한다고 해보자. 모든 조건을 일일이 따지려 들다가는 평생 못 구한다. 이사의 달인들은 우선 교통, 교육, 주변환경 등 몇 가지 핵심기준만을 가지고 적당한 지역을 대강 추려낸다. 그다음에 그곳 부동산 업체 한두 곳을 방문해서 가격대와 이사 날짜에 맞는 대상을 두세 곳으로 압축한다. 마지막으로 이들 최종 후보들을 직접 방문해보고 그중 왠지 '확~ 끌리는' 집을 골라 그날로 사인한다.

비즈니스도 마찬가지다. 사업을 확장하거나 신사업을 결정할 때 기획부서에서 아무리 고민을 많이 해도 불확실성은 여전히 남는다. 오히려 해당 프로젝트와 사랑에 빠져 사업 타당성을 낙관적으로 부풀리려는 경향(자기확증 오류)이 나타날 수 있다. 이럴 때는 100퍼센트 합리적으로 의사결정하겠다는 시도를 아예 접는 것이 낫다. 리얼옵션(Real option) 투자가 바로 그것인데, 수업료 낸다는 심정으로 일단 다양한 후보 사업들에 소액투자한다. 그 후 시장 상황의 전개를 지켜보면서 털어낼 것은 과감히 털어내고, 좀 더 두고볼 것은 (필요하다면 투자액을 늘려가며) 지켜본다. 이런 과정을 밟아가며 최종적으로 살아남는 프로젝트들은 시장에서 검증받고 단련된 프로젝트이기 때문에 애초에 심사숙고해서 결정했을 프로젝트들보다 훨씬 더 성공 가능성이 높다. 기획자의 합리성보다는 시장의 검증에 기대는 것이 더 현명하다는 의미다.

자, 다시 영화이야기. 마침내 두 바보는 매리를 찾는 데 성공한다. 하지만 두 명 모두 매리와 사랑에 빠지게 되고 한 여자를 향한 두 바보의 김칫국 경쟁이 이어진다. 그러던 차에 납치범이 검거되어 납치 당했던 매리의 남편이 등장하자 두 바보는 멘붕에 빠진다. 그때까지 한 번도 매리가 유부녀일 가능성은 따져보지 않은 것이다. 이걸 보면 두 바보들의 합리성은 '제한된' 정도가 아니라 '퇴화된' 것이 틀림없다. 아무튼 두 바보는 언제 그랬느냐는 듯이 다시 의기투합하여 영원한 우정을 다짐하며 길을 떠난다.

승진은 선물이 아닌 미끼다

100퍼센트 완벽한 사람은 없다. 정도의 차이만 있을 뿐이다. 처음에는 제법 스마트하다고 나섰던 사람들도 점점 총기를 잃어가는 경우도 많다. 입사 3년쯤 되면 슬슬 꾀가 나기 시작하고 업무에도 시큰둥해진다. 간신히 3년차 고비를 넘기고 월급 오르고 승진하는 재미에 빠지다 보면 금방 10년차다. 그때 또 다시 슬럼프에 빠지면서 슬슬 비합리적 행동이 본격화된다. 회사마다 차이는 있지만 대개 차장, 부장급들이 딱 그맘 때이다.

서운해 사장의 고민도 이해 못할 바는 아니다. 솔직히 맨손으로 회사를 일군 사장만큼 뛰어난 사람이 어디 있겠는가. 하지만 조금씩 어리석고 조금씩 비합리적인 사람들이 모여 머리를 맞대고 일하는 곳이 직장이다. 평범한 사람들을 모아 비범한 일을 하도록 만드는 곳, 그게 직장이고 거기에 사장의 역할이 있다.

또 한 가지. 승진은 직장에서 사람들을 자극하고 동기부여하는 스테로이드 주사다. 무기력에 빠졌던 사람들이 승진을 계기로 총기가 살아나고 민첩해지는 경우도 많다. 일을 잘한 것에 대한 사후 보상으로서뿐만 아니라, 일을 더 잘하게 하는 사전 유인책으로 승진을 활용해야 한다. 승진 기준을 포함하여 직장 내 게임의 룰을 어떻게 짜느냐에 따라 직장은 불꽃 튀는 투지의 무대가 되기도 하고, 푸념 가득한 할렘의 뒷골목이 되기도 한다.

서운해 사장께 승진을 선물이 아니라 미끼로 생각해보길 권한다. 누가 알겠는가? 애벌레가 나비 되어 꽃을 피울지(불자는 누구나 성불하여 불법의 꽃을 피운다는 불교 설화에 나오는 얘기다).

불독 아빠와 시추 엄마가 낳은 강아지

영화 〈덤 앤 더머〉는 텔레비전용 애니메이션 시리즈를 실사화한 것인데 로이드 역을 맡은 짐 캐리의 기가 막힌 표정연기는 웬만한 컴퓨터 그래픽을 능가한다. 대부분의 바보 영화들이 그렇지만 바보의 시선으로 이른바 정상인들의 위선과 영악스러움을 통렬히 질타하는 통쾌감을 준다.

영화 대사 중 재미있는 말장난 하나. 불독하고 시추하고 교배시켜 태어난 강아지 이름은? 글쎄, 잡종? 믹스견? 바보들이 말하는 정답은 아빠, 엄마 강아지 이름 한 글자씩 따서 불싯(Bullshit, 헛소리라는 뜻)이란다.

적인가

아군인가

02

피하는 게
상책

치킨게임

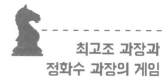

최고조 과장과
정화수 과장의 게임

최고조 과장과 정화수 과장은 입사동기다. 보통 동기들끼리는 미우니 고우니 해도 회사를 그만두는 마지막 순간까지 서로 정보도 공유하고 은근히 챙겨주는 파트너가 된다. 하지만 이 둘은 달랐다. 신입사원 연수가 끝나자마자 숙명의 라이벌전이 시작되었다. 입사 성적은 근소한 차이로 최 과장이 1등, 정 과장이 2등이었다. 하지만 신입사원 연수에서의 평가는 정 과장이 약간 앞섰다. 임원들은 모처럼 쓸 만한 애들이 들어왔다고 자못 흡족해 했지만 두 사람의 사정은 달랐다.

선의의 라이벌? 그건 회사 물정 모르는 사람들이나 하는 한가한 소리다. 이미 회사 내에서는 두 사람을 놓고 누가 먼저 별(임원)을 달까 비교하는 분위기가 됐다. 고속도로에서 후진은 없다. 최대한 액셀을 밟아 어떻게든 상대를 앞질러야 한다. 뒤처져도 여전히 2등 아니냐고? '기다린 날도 지워질 날도' 다 회사를 위했던 시간 아니냐고? 아, 승진에서 밀려 패자가 되는 순간 주변의 동정 어린 비웃음을 어찌 감당하란 말인가. 당사자 입장에서는 굴욕적인

유치찬란한 치킨게임에 빠져 둘 다 만신창이가 될 무렵,
엉뚱한 제삼자가 벌자리를 꿰차는 경우가 부지기수다.

루저의 삶을 사느니 아예 깨끗이 사직서를 던지는 게 나을지 모른다.

상황이 이쯤 되니 최 과장과 정 과장의 심장박동이 점점 빨라지고, 입술이 바삭바삭 마르기 시작했다. 부서 배치 후 처음에는 업무 실적으로 붙었는데 1, 2등답게 앞서거니 뒤서거니 백중지세가 따로 없었다. 실적으로 승부가 가려지지 않자 경쟁의 불씨는 엉뚱하게도 업무 외 봉사 점수로 옮겨 붙었다(국영수로 승부가 안 나면 암기과목이라도 파야 한다). 한 명은 주말 내내 노숙자 배식봉사를 하느라 손목을 못 쓴다는 말도 들렸고, 다른 한 명은 산동네 달동네로 연탄배달 다니느라 허리 디스크가 도졌다는 얘기도 들렸다.

출퇴근 타임 경쟁은 더 가관이다. 언제부턴가 두 사람 사이에 누가 먼저 출근하고, 누가 늦게 퇴근하는지 경쟁이 붙었다(암기과목도 막상막하면 생활기록부에서 승부가 난다). 이제 회사 내 어느 누구도 그 둘의 출퇴근 시간을 모른다. 아무도 그들보다 일찍 출근하거나 늦게 퇴근하지 않기 때문이다. 아예 퇴근을 안 하고 당직실에서 새우잠을 자는 것을 봤다는 괴담까지 떠돌았다. 인간은 이렇게 미쳐가는가 보다.

급기야 얼마 전 부서 회식 때는 왠지 두 사람이 조용하다 싶어 둘러봤더니 맨 구석 자리에서 서로를 노려보며 술 대결을 벌이고 있는 게 아닌가. 시키지 않아도 이제 얼굴만 마주치면 자동대결 모드로 전환되는가 보다. 그들 둘 덕분에 화기애애해야 할 회식 자리가 온통 죽기살기식 주량 배틀로 흘러가고 말았다. 과연 이 둘의 싸움은 어디까지 가게 될까?

싸우지 않고 이기면 좋겠지만

누구나 알고 있지만 실상 처음부터 끝까지 다 본 사람은 몇 안 되는 영화 한 편을 소개한다. 제임스 딘 주연의 〈이유 없는 반항(Rebel without a cause)〉. 생전에 단 세 편의 영화를 남긴 제임스 딘의 두 번째 작품으로 사회와 부모로부터 이해받지 못하고 방황하는 청소년들의 이야기를 그렸다. 학교에 적응을 못하고 떠돌던 소년 짐(제임스 딘)은 술을 마시고 잡혀간 경찰서에서 자신과 비슷한 처지의 주디(나탈리 우드)를 만난다. 첫눈에 서로에게 호감을 느낀 짐과 주디가 가까워지자 이미 그녀와 사귀고 있던 버즈가 짐에게 시비를 건다. 그리고 절벽에서 자동차 게임을 해서 승자가 주디를 차지하자고 제안한다 (웃기고들 있다).

그 유명한 치킨게임(Chicken Game)의 시작이다('치킨'은 속어로 겁쟁이라는 뜻). 치킨게임에는 여러 가지 버전이 있는데 영화에서는 각자 차를 몰고 절벽을 향해 달리다가 차가 절벽으로 떨어지기 직전에 먼저 차에서 뛰어내리는 쪽이 진다. 통상은 직선도로의 양쪽 끝에서 서로를 향해 자동차를 질주하다가 먼저 핸들을 돌리는 쪽이 진다. 그 외에도 목숨을 걸고 서로의 담력을 겨루는 게임은 어느 것이나 치킨게임의 범주에 속한다.

치킨게임은 냉전 시절 미국과 소비에트 연방 간의 극심한 군비경쟁을 빗대는 용어로 사용되면서 국제정치학 용어로 굳어졌다. 1990년대 말 이후 계속되고 있는 미국과 북한 간 핵문제를 둘러싼 대립,

2004년 3월 대통령 탄핵안 가결까지 부른 여당과 야당의 극단적인 대결도 모두 치킨게임으로 볼 수 있다.

비즈니스에서도 종종 치킨게임이 목격되는데 최근의 가장 대표적인 사례는 반도체 산업을 들 수 있다. 1980년대 일본의 반도체 업체들이 치킨게임을 유발하면서 당시 세계 최강이었던 인텔을 굴복시킨 바 있다. 2000년대 들어서는 한국의 삼성과 하이닉스가 증설경쟁을 유발하면서 치킨게임을 시작했고, 히타치제작소, NEC, 후지츠, 미쓰비시전기 등 쟁쟁한 일본 업체들을 수렁에 빠뜨린다. 이들 업체들이 힘을 합쳐 결성한 엘피다도 오래 버티지 못하고 2013년에 파산하고 만다.

게임이론에서 치킨게임의 균형은 둘 중 한 명은 직진하고 다른 한 명은 핸들을 돌리는 것이다. 둘 다 직진해서 모두 목숨을 잃거나 둘 다 핸들을 돌려 모두 겁쟁이가 되는 것은 균형의 조건에 부합하지 못한다.

치킨게임은 기본적으로 상대가 쓰러질 때까지 밀어붙이는 게임이므로 게임에서 승리하면 한동안 왕 노릇을 할 수 있다. 하지만 그만큼 '모 아니면 도'의 리스크를 안아야 한다. 내가 반드시 이긴다는 보장은 어디에도 없다. 설사 이긴다 해도 그 과정에서 상처가 너무 깊다면 승리의 기쁨도 오래가지 못한다.

손자병법에서는 '싸우지 않고 이기는 것이 최선(부전이굴, 不戰而屈)'이라고 했다. 가급적 치킨게임의 상황에 빠지지 않는 것이 가장 현명한 전략이라는 말이다. 치킨게임에 빠지더라도 끝까지 세게 나갈지 중간에 슬그머니 꼬리를 내릴지 재빨리 판단해야 한다. 눈치가 발바닥이 아니라면 제 성질을 못 이겨 공멸에 빠지는 일은 없어야 한다.

직장에서 치킨게임에 빠졌다면?

그럼 최고조, 정화수 과장의 경우처럼 뜻하지 않게 치킨게임에 빠졌다면 어떻게 해야 할까? 실전에서 활용할 수 있는 몇 가지 필살기를 소개한다.

첫 번째는 기선 제압. 자동차 핸들에 자신의 손을 묶어 절대로 뛰어내리지 않겠다는 강력한 시그널을 보내는 것이다. 상대방에게 자신을 반쯤 미친 터프가이로 각인시킬 수만 있다면 상대는 핸들을 돌리지 않을 수 없다(이 전술을 가장 즐겨 사용하는 나라가 북한). 예를 들어 최 과장이 사무실에 야전침대까지 가져다 두고 숙식을 모두 회사에서 해결하기 시작한다면 승리는 거의 따놓은 당상이다.

두 번째는 시치미 떼기. 상대가 먼저 터프가이 시그널을 보내도 못 본 척하는 것이다. 상대가 아무리 겁을 줘도 절대 동요한 내색을 하지 않고 묵묵히 액셀을 밟는다면 상대는 조바심을 내다가 먼저 핸들을 돌리지 않을 수 없다. 정 과장이 최 과장의 야전침대 퍼포먼스에 눈 하나 깜짝하지 않고 자기 페이스대로 나아간다면 춥고 배고파진 최 과장은 얼마 지나지 않아 제풀에 지칠 것이다.

세 번째는 명분 제공. 상대방에게 명예롭게 물러설 명분을 주고 퇴로를 열어주면 둘 다 치킨게임의 덫에서 빠져 나올 수 있다. 만일 최 과장이 단 한 명만 뽑는 미국 지사 파견 기회를 정 과장에게 슬그머니 양보한다면 최 과장은 부전승으로 이길 수 있다. 물론 정 과장도 게임에서 기권할 수밖에 없는 점잖은 명분과 함께 해외 파견의 실리를 얻게 되어 나쁠 게 없다. 윈윈(Win-win)이다.

영화의 결말을 보자. 짐과 치킨게임을 벌인 버즈는 옷이 자동차 문고리에 끼이는 바람에 제때 탈출하지 못하고 절벽으로 떨어져 죽고 만다. 짐은 치킨게임에서 승리하기는 했지만 상처뿐인 영광일 뿐이다. 치킨게임은 케빈 베이컨 주연의 〈자유의 댄스(Footloose)〉나 조니 뎁 주연의 〈사랑의 눈물(Cry Baby)〉등 여러 영화에 반복적으로 등장한다. 그만큼 인간 본성에 솔직하고 드라마틱한 설정을 찾기가 어렵기 때문이리라. 조정래 작가의 대하소설 『태백산맥』에도 염상구와 땅벌이 기차가 달려오는 철로 가운데 서서 오래 버티기를 하는 버전으로 나온다.

치킨게임은 흔히들 생각하듯이 배짱과 담력의 승부일 필요가 없다. 최선은 애당초 치킨게임에 빠지지 않는 것이고, 얼결에 치킨게임에 빠지게 되더라도 최대한 상대를 어르고 달래가며 최악의 공멸 상황을 피하는 것이 차선이다. 성미 급하고 욱하는 경향이 있는 한국인들은 치킨게임의 유혹에 빠지기 쉽다. 뭘 해도 '죽기 살기'로 하고, 일단 시작하면 '갈 때까지' 가기 때문이다.

하지만 우리는 닭이 아니고, 직장은 닭장이 아니다. 직장에서의 경쟁은 단련과 성숙을 위한 불가피한 과정일 뿐이지 경쟁 그 자체가 목적은 아니지 않은가. 최 과장과 정 과장은 자신들의 라이벌전을 어디선가 편안한 마음으로 (아마도 치맥을 먹으며) 지켜보는 사람이 있다는 사실을 깨달아야 한다. 유치찬란한 치킨게임에 빠져 둘 다 만신창이가 될 무렵, 엉뚱한 제삼자가 별자리를 꿰차는 경우가 부지기수다.

노래 가사도 있다. "묻지 마라 왜냐고 왜 그렇게 높은 곳까지 오르려 애쓰는지 묻지를 마라." 그렇게 읊조리며 눈 덮인 킬리만자로를 한사코 올랐던 그 고독한 표범. 결국 굶어서 얼어 죽었다.

조조의 깊은 뜻

『삼국지』에 보면 조조가 1만 병력으로 원소의 10만 대군을 괴멸시키는 장면이 나온다. 싸움에서 승리한 후 조조가 원소의 막사를 뒤져보니 그동안 원소와 몰래 내통해왔던 휘하 장수들의 편지가 다수 발견된다. 빼도 박도 못할 반역죄다. 그런데 조조는 발견된 편지들을 모든 장수들이 보는 앞에서 공개적으로 즉시 태워버리라고 명한다. 이를 초소밀신(楚燒密信)이라고 한다.

조조는 물증을 잡았으면서도 왜 반역자들을 참수하지 않았던 걸까. 피를 보기 싫어서? 아량이 솟구쳐서? 설마 조조가 그럴 리가 있겠는가.

사실인즉슨 조조는 치킨게임의 결말을 이미 알고 있었기 때문이다. 만일 편지를 공개하면 반역이 탄로 난 배신자들의 선택은 자명하다. 이래 죽으나 저래 죽으나 마찬가지인 이상 조조에게 죽기 살기로 덤벼들 게 뻔하다. 그러면 조조도 피곤해지고 일정 부분 피해를 볼 수밖에 없게 된다. 조조는 배신자들에게 퇴로를 열어줌으로써 치킨게임에 따르는 불필요한 마찰을 없애고 거기에 더해 포용력이 뛰어나다는 평판까지 덤으로 얻었던 것이다! (폼이란 폼은 유비네 형제들이 다 잡고 다녔지만, 역시 『삼국지』 최고의 스타는 조조가 분명하다.)

때론 차선이
최선이다

성대결 게임

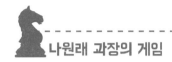

나원래 과장의 게임

전사 워크숍의 계절, 가을이 돌아왔다. 서운해 사장을 포함해 전 임직원이 한자리에 모이는 달달제과 최고의 행사다. 특히 사장님의 훈화 말씀과 상반기 경영실적 발표 후에 갖는 체육대회가 하이라이트다. 사무실에서 존재감이 약했던 사람일수록 이때만큼은 펄펄 난다. 까먹은 점수를 한꺼번에 만회하려는 걸까. 강철 체력과 불굴의 정신력이 용솟음친다.

하지만 체육대회는 작년이 마지막이었다. 자신의 별명이 '짠돌이'라는 걸 은근히 자랑으로 여기는 서운해 사장이 웬일인지 TV와 냉장고를 경품으로 걸었던 게 화근이었다. 이 소식을 들은 전 직원의 몸에서 아드레날린이 걷잡을 수 없이 뿜어져 나왔다.

하극상도 이런 하극상이 없었다. 축구에서는 남의덕 사원의 '정신줄 놓은' 태클로 과장 한 명의 인대가 나갔다. 족구에서는 최고조 과장의 이단옆차기 강슛을 모 상무가 얼굴로 막아내고는 코뼈가 주저앉았다(직장 관례상 피해자들의 실명은 밝히지 않는다). 급기야 절대 사고가 날 수 없는 줄다리기에서도 두 아이의 엄마인 유난희 상무가 '평소 안 쓰던' 날갯죽지 근육을 과하게 쓰는 바람에 한동안 어깨를 로보캅처럼 하고 다녀야 했다.

그래서 올해는 '3무(無)' 워크숍이다. 뛰는 거, 부딪치는 거, 힘쓰는 거 금지다. 대신 장기자랑을 하란다. 감히 지엄하신 상무의 코뼈를 박살내고 '위아래도 모르는 놈'이 되어 일 년을 숨죽이며 지냈던 나원래 과장은 이번이 실추된 이미지를 회복할 절호의 찬스라고 생각했다. 일찌감치 직원들을 불러모아 의논에 의논을 거듭했다. 그 결과 최종 후보를 두 가지로 압축했다.

하나는 대하드라마 〈뿌리 깊은 나무〉를 직장 버전으로 리메이크하는 거다. 세종대왕이 된 서운해 사장을 여러 내시와 무수리가 지극정성으로 보필한다는 내용이다(이런 건 무조건 1등이다). 다른 하나는 한때 유행했던 걸그룹(머리에 오토바이 헬멧을 쓰고 다닌다더라)의 댄스를 연습해서 부서원 전원이 노래와 율동을 하는 거다. 노래가 쉽고 트로트 필도 팍팍 들어가기 때문에 사장과 임원들이 좋아할 거란다.

나원래 과장은 이미 결심이 섰다. 무조건 첫 번째 안을 밀어붙일 생각이다. 그런데 엄언아 대리를 비롯한 여직원들이 두 번째에 꽂혔다. 이참에 '걸' 시절로 돌아가고 싶은지는 모르겠지만 굳이 그러지 말아야 한다. 나 과장은 남직원들의 저질 체형을 이유로 들며 좋은 말로 설득을 했다. 하지만 요령부득. 자기들은 원래 대하드라마는 안 보는 세대고, 특히 〈뿌리 깊은 나무〉를하면 여자들은 죄다 무수리 아니냐며 죽어도 싫단다. 각본을 바꿔 중전이나 공주를 시켜준다고 해도 스타일이 안 맞아 곤란하단다(뭔들 맞을까). 급기야 남자 따로, 여자 따로 하면 될 것 아니냐는 막말도 나왔다. 아, 연습시간도 부족한데 이 일을 어쩐다?

도둑질도 손발이 맞아야

부부 갈등을 다룬 영화는 많다. 그중 단연코 최고는 〈장미의 전쟁 (The war of the Roses)〉. 전도유망한 변호사 초년생 올리버(마이클 더글러스)와 체조 선수 출신의 바바라(캐서린 터너)는 첫눈에 반해 결혼한 사이다. 결혼 후 17년간 그들은 가난하지만 동화 같은 행복한 결혼 생활을 꾸려나간다. 아들딸도 낳고, 멋진 자동차도 사고, 근사한 저택도 장만했다. 그러나 일단 경제적으로 풍요로워지고 안정을 이루게 되자 서서히 갈등이 싹트기 시작한다.

법률회사에서 승승장구하던 올리버는 점점 아내를 무시하고 얕잡아 본다. 아내가 취미로 파테(Pate, 대중적인 프랑스 요리) 사업을 해보겠다며 애써 작성한 사업계획서로 냉장고에 붙은 파리를 때려잡을 때부터 심상찮았다. (그러지 말았어야 했다.) 며칠 뒤 올리버는 급성 위경련으로 병원에 실려 가게 되는데 불안한 마음에 유서까지 써가며 바바라를 기다렸지만 그녀는 끝내 병원에 들르지조차 않는다. 퇴원해서 도대체 뭐가 불만이냐고 따지는 올리버의 얼굴에 바바라는 정통으로 주먹을 날린다. (맞는 남편 점점 많아진다는데……)

감정이 극에 달한 두 사람은 두말없이 이혼에 합의하는데, 집의 소유권을 놓고 말 그대로 전쟁에 돌입한다. 온 집 안에 경계선이 생기고 빨간 영역은 바바라, 노란 영역은 올리버, 초록 영역은 중립지대로 정한다. 참으로 유치하지만 실감나는 이혼 전쟁이다. 그러던 어느 날 바바라의 고양이가 올리버의 개에게 쫓기다가 올리버의 차에 치어 죽는 사건이 발생한다. 바바라는 올리버가 사우나할 때 문에다 못 질하는 것으로 복수를 하고, 올리버는 바바라의 구두 굽을 죄다 톱으로 썰어버린다(싸움 구경이 최고라는데 정말 볼 만하다). 이 둘의 싸움은 과연 어디까지 갈까?

게임이론에 성대결(Battle of the sexes)이라는 재미있는 게임이 있다. 두 남녀의 선호체계가 상충되는 경우를 다룬 게임이다. 퇴근 후 데이트를 약속한 부부가 있다. 그런데 오페라를 보기로 했는지 축구를 보기로 했는지 도통 기억이 나질 않는다. 둘이 서로 연락을 취할 수 없는 상황이라면 (혹은 약속 장소를 잊었다는 것이 들통나면 더 큰 화가 미칠 것이 염려된다면) 남편과 아내는 각각 어디로 가야 할까?

성대결 게임은 기본적으로 상호 조정이 핵심이기 때문에 조정게임(Coordination game)이라고도 불린다. 이 게임의 균형은 둘이 같이 오페라를 보거나 혹은 축구를 보는 것 두 가지이다(비록 아내는 오페라를, 남편은 축구를 더 선호할지라도). 이 중 어떤 것이 선택될지는 부부간에 평소에 얼마나 필이 통했는지에 달려 있다. 도둑질도 손발이 맞아야 한다. 지금까지 주로 축구를 보러 갔다면 이번에는 오페라일 수 있고, 혹은 간만에 열리는 A매치라면 두말할 것 없이 축구일 수도 있다. 최악의 경우는 각각 다른 장소를 선택해서 졸지에 짝 잃은 외기러기가 되는 상황이다.

사회가 복잡해지고 제각각 목소리가 커지면서 우리가 직면하는 많은 문제들이 성대결 게임과 닮아 있다. 게임의 이름이 성대결이라고 해서 반드시 남과 여 사이의 게임에만 국한되지는 않는다. 보수와 진보, 기성세대와 신세대, 노측과 사측이 직면한 상황이 모두 마찬가지다. 직장도 그렇다. 어느 한쪽만이 옳고 다른 쪽은 그르다고 주장할 수 없는 상황이 부지기수다. 뜨뜻미지근하게 들릴지라도 결국 모든 성대결 게임의 해답은 소통에 있다. 상대를 놀래킬 요량이 아니라면 항시 소통채널을 열어놓고 대화하는 것만이 성대결 게임이 던지는 딜레마에서 탈출하는 유일한 해법이다.

싸움에서 이기고 전쟁에서 지지 마라

보수와 진보가 다투다가 국정이 마비된다든지 노사가 대립하다가 회사를 곤경에 빠뜨리는 일도 없어야 한다. 사실 게임이론 자체가 이해관계가 전혀 다른 복수의 참가자들이 존재한다는 사실에서 출발한다. 성대결 게임에서 최선의 결과를 얻지 못했다고 해서 최악으로 치닫는 것은 어리석은 일이다. 차선에 만족할 줄 아는 현명함(혹은 현실감)이 그 어느 때보다 더 필요하다.

눈빛만 보면 알 수 있다고? 그럴 리 없다. 평소에 소통의 빈도와 밀도를 높여 서로의 행동에 대한 예측가능성을 높여놔야 한다. 서로간의 믿음이 교차하는 영역을 관리할 필요가 있다는 말이다. 그래야 조정과 합의가 수월해진다. 예전에는 대자보나 확성기밖에 없었고 그나마 소통보다는 일방적 통보의 수단에 가까웠다. 그런데 지금은 인터넷, 문자 메시지, 카톡, 페이스북, 트위터 등 온갖 쌍방향 소통 수단이 넘쳐난다. 이러한 첨단 IT매체들을 편 가르기의 흉기(凶器)가 아닌 소통의 이기(利器)로서 현명하게 활용할 필요가 있다.

자, 다시 영화 이야기. 이제 집 안은 난장판이 되고 두 사람은 게임 혹은 싸움의 마지막 승부를 향해 달린다. 바바라는 올리버에게 일격을 가하려다 이층 난간에서 미끄러지는데 요행히 거실 샹들리에에 매달려 추락을 면한다. 남편을 죽이려고 미리 나사를 풀어놨던 샹들리에다. 갑자기 정의감이 솟구친 올리버는 아내를 구하려다가 같이 샹들리에에 매달리게 된다. 둘을 버티기엔 샹들리에 와이어가 너무 느슨하다.

그들은 결국 샹들리에와 함께 추락하고 만다. 산산이 부서진 유리 파편 위에 두 사람의 몸은 차갑게 식어가고 어두워진 집안에 비로소 정적이 감돈다. 성대결 게임에서 균형을 못 찾았을 때의 가장 어이없고 비극적인 결말이 되겠다. [영화 제목 번역이 다소 어색하다. 의도했는지는 모르겠으나 '장미의 전쟁'보다는 '로즈 가(家)의 전쟁'이 맞다. 올리버의 성씨가 로즈(Rose)였을 뿐, 장미와는 아무런 연관이 없다.]

싸움에서 이기고 전쟁에서 패하는 경우가 많다. 큰 그림이 없는 상태에서 눈앞의 작은 승부에 연연하면 그렇게 된다. 회사에서도 크고 작은 갈등이 끊이질 않는데, 지나친 자존심과 승부욕이 화를 부르는 경우가 많다. 옆 부서 아무개와 죽기 살기로 싸웠는데 임원들이 보기에는 한심한 짓거리고 도토리 키 재기에 불과할 수 있다는 것이다.

이번 장기자랑에서 '유일하게' 중요한 것은 부서원 전체의 참여다. 리더인 나원래 과장 입장에서는 전원 참여의 당위성을 부서원들에게 확실히 납득시키는 게 먼저다. 아울러 경품도 경품이거니와 이번 기회에 사장 눈에 쏙 들게 된다면 부서원 모두가 이득이라는 점을 확실히 이해시켜야 한다.

일단 부서원들의 컨센서스(Consensus)를 얻게 되면 두 가지 프로그램 중 뭘 선택하느냐는 그다지 중요하지 않다. 점잖은 아저씨들이 뻣뻣한 댄스로 망가지는 거, 아리따운 처자들이 무수리가 되어 이미지 구기는 거, 길게 보면 아무것도 아니다. 가위바위보로 정해도 그만이고, 제비뽑기로 정해도 상관없다. 혹은 패키지 딜(Package deal)을 고려해볼 수도 있다. 예를 들어 여자들의 의견을 따르는 대신 안무 연습, 의상, 음향 등 번거로운 일들도 모두 여자들이 책임지게 하는 거다(혹은 그 반대도 가능하다). 좀 더 시야를 길게 가져가면 이번에는 남자들이 선호하는 대하드라마를 하고, 대신 다음 번 행사가 있을 때 모든 결정권을 여자들에게 일임하겠다고 약속하는 것도 한 방법이다.

선물도 손발이 맞아야

상호 조정이 안 되어 벌어지는 가장 황당하고 안쓰러운 얘기는 오 헨리(O. Henry)의 단편 「크리스마스 선물」이다. 가난한 부부가 있다. 이들의 사랑은 절절했지만 안타깝게도 현실은 춥고 배고팠다. 크리스마스를 앞두고 부부는 서로를 위한 깜짝선물을 하나씩 준비할 결심을 한다. 아내는 정성스레 기른 자신의 긴 머리카락을 잘라 판 돈으로 남편의 시곗줄을 산다. 그리고 남편은 자신이 아끼던 시계를 팔아 아내의 머리 빗 세트를 산다(대판 싸우고 나서 다시는 선물하지 말자고 다짐하게 될 듯).

비둘매
혹은
매둘기

매-비둘기
게임

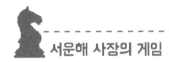

서운해 사장의 게임

이기분 상무는 누가 뭐래도 매파다. 눈매도 사납게 생겼을뿐더러 매사에 화 끈하다. 투자를 해도 최대한도로 하고, 판촉을 해도 고객이 질릴 정도로 해 야 성에 찬다. 직원들은 그를 무서워하지만, 한번 결정하면 끝까지 밀어주기 때문에 골수팬들도 꽤 된다. 반면 권태기 상무는 딱 봐도 비둘기다. 부하 직 원들도 모두 그를 편하게 여기며 스스럼없이 잘 따른다. 하지만 빨리 결정을 해 줘야 하는 안건도 최대한 질질 끈다. 신중을 기하는 건 좋은데 옆에서 지 켜보는 사람은 속 터져 죽는다.

성격과 스타일이 판이하게 다른 두 사람은 사사건건 부딪힌다. 다양한 스 타일이 섞여야 창의적이고 융복합적인 아이디어가 나온다고는 하는데 글 쎄…… 서운해 사장의 눈에는 둘의 장점보다는 단점이 먼저 들어온다. '이 상무는 비즈니스란 원래 전쟁 아니냐며 무조건 지르자고 하는데, 군대도 안 갔다 온 녀석이 전쟁은 무슨 얼어 죽을. 권 상무는 돌다리 두드리다가 지팡 이 부러졌다고 의기양양할 녀석인데, 돌다리가 부서지는지 보라고 했지 누

가 지팡이 부러뜨리라고 했나.'

이번 신규 투자 건도 둘의 의견이 첨예하게 갈리는 바람에 완전 헷갈려 죽겠다. 이기분 상무는 공격적으로 투자해야 시장을 선점할 수 있다는 주장이고, 권태기 상무는 전망치만 가지고 투자하는 건 너무 위험하다는 주장이다. 제기랄, 각자 정반대의 얘기를 던져놓고는 최종 결정은 나한테 하란다. 자기들끼리 먼저 의견 조율을 해서 최종안을 가져오면, 사장인 나는 추인만 하거나 일부 보완할 부분만 지시해야 하는 거 아닌가. 어려운 결정은 다 내가 직접 할 거라면 뭣 하러 비싼 월급 주고 임원 시켰나 말이다.

얘기를 듣자니 둘은 공적인 자리건 사적인 자리건 만나기만 하면 사사건건 싸운단다. 처음 싸움이 시작되면 일단 목소리 큰 매파 이 상무가 기선을 제압하는 듯하지만 비둘기파인 권 상무도 지칠 줄 모르고 조근조근 이 상무 약을 올리는가 보다. 급기야 일대일로는 승부가 나지 않으니까 이리저리 자기 의견에 동조하는 사람들을 모은다는 소리도 들린다. 이제는 패싸움까지 할 모양이다.

서운해 사장은 한숨만 나온다. 왜 우리 회사에는 매의 부리에 비둘기 날개를 가진 '매둘기'나 비둘기의 방향감각에 매의 발톱을 가진 '비둘매'는 없는 걸까?

매와 비둘기의 황금비율을 찾아서

2006년 칸 국제영화제 황금종려상에 빛나는 영화 〈보리밭을 흔드는 바람(The wind that shakes the barley)〉. 슬금슬금 우경화로 치닫는 일본을 보며 체념과 분노를 동시에 느끼는 요즈음, 한번쯤 다시 볼만한 영화다.

때는 1920년 영국. 독립을 부르짖는 아일랜드에 대한 잉글랜드의 무자비한 탄압이 본격화될 무렵이다(아일랜드는 12세기 중엽 잉글랜드의 헨리 2세에게 정복당한 후 거의 800년간이나 독립을 추구했다). 아일랜드 태생의 젊은 의사 데미안(킬리언 머피)은 런던에서 어렵사리 의사 자리를 구한다. 하지만 한 친구가 게일어(아일랜드의 모국어)를 사용했다는 이유로 잉글랜드 군인들에게 맞아 죽는 장면을 목격하면서 인생의 진로를 바꾼다. 그는 의사의 길을 포기하고 형 테디(패드레익 들러니)와 함께 IRA(Irish Republican Army, 아일랜드 공화군)에 가담하여 독립투사의 길을 걷는다.

독립을 향한 수년간에 걸친 게릴라전의 결과, 승리는 아일랜드에게 돌아가고 잉글랜드는 아일랜드의 자치를 허용하기에 이른다. 하지만 승리의 기쁨도 잠시. 자치가 허용되는 범위는 아일랜드의 반쪽에만 국한된다는 사실이 알려지자 아일랜드인들은 일대 혼란에 휩싸인다. 조약을 수용하자는 쪽과 다시 투쟁에 나서자는 쪽으로 의견이 갈리며 아일랜드는 내전으로 치닫는다. 형 테디와 동생 데미안은 서로 다른 선택을 하고 급기야 형제끼리 총구를 겨눠야 하는 비극의 수렁으로 빠져든다(일제에 대한 독립운동, 해방 후의 정치적 혼란, 그리고 동족상잔으로 이어진 한반도의 역사와 닮아도 참 많이 닮았다).

게임이론에 보면 매-비둘기(Hawk-Dove) 게임이 있다. 사납고 강한 이미지의 매(강경파)와 부드럽고 평화적인 이미지의 비둘기(온건파) 중에서 하나를 선택하는 게임이다. 언뜻 보면 매를 선택하는 게 답인 듯싶다. 하지만 만약 상대방도 매를 택하면 싸움이 불가피하고 둘 중 한쪽은 죽거나 심하게 다치게 된다. 반면 비둘기는 매와 싸우지 않고 알아서 피하기 때문에 비록 이득은 뺏길지라도 크게 다칠 염려는 없다. 따라서 상대방이 어떤 선택을 하느냐에 맞춰 강하게 나갈 것인가(매) 혹은 굽히고 들어갈 것인가(비둘기) 중에서 입장을 정해야 한다. 일반적으로 이 게임의 균형은 두 명의 게임 참가자 중 한쪽은 매, 다른 쪽은 비둘기를 선택해서 (썩 내키지는 않지만) 적과의 동침을 유지하는 것이 된다.

매-비둘기 게임을 사회 진화의 관점으로 확대해서 생각해보자. 우선 매파(강경파)로만 구성된 사회는 안정적이지 못하다. 물고 뜯는 공방전 끝에 모두 상처를 입는다. 이럴 때는 비둘기가 되어 싸움을 피하며 살아남는 게 현명하다(강경파에 대한 실망이 쌓이면서 온건파들의 목소리에 힘이 실리는 국면). 비둘기파의 비율이 증가하면 잠시 평화가 오지만 슬슬 매 노릇을 하려는 쪽이 생겨나기 마련이다(대다수 온건파 무리 속에서 목소리 큰 몇몇이 강경파로 자리잡은 국면). 그러다 보면 사회 전체가 다시 매들에게 점령당하는 때가 온다. 이런 과정이 오르락내리락 반복되면서 매와 비둘기의 비율이 균형점으로 수렴해갈 때 사회는 안정을 찾는다.

최근 정치권에 강경파들의 입김이 지나쳐 국정이 마비된다는 우려가 크다. 걱정만 해봐야 달라지지 않는다. 좌우를 막론하고 강경 투쟁을 통해 얻게 되는 이득은 줄이고 그에 따르는 비용은 높이는 방법을 찾아야 한다. 그래야 비둘기들이 힘을 얻는다. '이제 그만 정신 차려야 한다'는 감정적 호소보다는 정치인들이 매와 비둘기의 갈림길에서 올바른 선택을 하게끔 유도하는 제도적 장치와 시민의식이 있어야 정치 안정이 가능해진다.

스스로 선을 지키는 게 현명하다

1970년대에 영국의 진화생물학자 존 메이나드 스미스는 사회 내에서 개체들 간의 비율을 안정점으로 수렴하게 하는 전략을 '진화적 안정전략(ESS: Evolutionary Stable Strategy)'이라고 불렀다. 진화적 안정전략의 예는 여러 곳에서 찾을 수 있는데 가장 대표적인 것이 자연 생태계이다. 아프리카 세렝게티의 사자는 왜 4일에 한 번씩만 사냥을 할까? 조금만 더 부지런을 떨면 초원의 누(아프리카에 서식하는 소과 동물)를 배불리 잡아먹을 수 있을 텐데 말이다. 다 이유가 있다. 욕심을 부려 누를 남획하면 개체수가 줄어들게 되고, 그러면 동료 사자와 먹이 다툼이 심해져 서로 피를 볼 공산이 커진다. 그보다는 안빈낙도(安貧樂道)하면서 딱 필요한 만큼만 사냥하는 게 진화적으로 유리하다.

결국 진화적으로 안정을 이루려면 이쪽 아니면 저쪽이라는 극단주의보다는 적절한 선에서 조화를 이뤄야 한다는 것이다. 경쟁만이 아니라 공생도 진화의 핵심 기제라는 말이다. 비즈니스나 직장 내에서도 마찬가지다. 아무리 약육강식의 정글이라지만 욕심이 지나치면 화를 부른다.

인류가 개발한 발명품 중에 최고는 자본주의 시스템이다. 그런데 엄청난 효율을 주체하지 못하다 보니 양극화라는 문제를 낳고 말았다. 좀처럼 거리 시위에 나서지 않는 서구에서도 월가 점령 시위가 발생하고, 우리나라에서도 반기업 정서가 좀처럼 사라지지 않고 있다. 자본주의가 앞으로도 계속 번성하려면 아프리카의 사자들처럼 자기 절제의 지혜를 갖춰야 한다. 정부가 나서서 이건 되고 저건 안 되고 식으로 규제하다 보면 한도 끝도 없다. 대기업 스스로 선을 지키는 게 현명하다. 이 선을 지키지 않고 동네 빵집과 구멍가게까지 다 잡아먹고 나면 100년 기업이 되기는커녕 홀로 남아 고독사(孤獨死)를 준비해야 할지도 모른다.

자, 다시 영화로 돌아가자. 마지막 장면은 내전의 소용돌이 속에서 비둘기파인 형 테디가 매파인 동생 데미안을 총살하는 것으로 끝난다. "조국이란 게 이렇게까지 할 가치가 있는 거겠죠?" 극중에서 데미안이 내뱉는 이 말은 형제의 선택이 과연 무엇을 위한 것이었는지를 관객들에게 되묻는다. 영화는 이데올로기라는 괴물이 '보리밭을 흔드는 바람'이 되어 한없이 순수한 젊은 이삭들을 쓸고가는 모습을 무심히 카메라에 담는다. 보수와 진보, 기성세대와 신세대, 윗집 사람과 아랫집 사람, 흡연자와 비흡연자. 뭐든지 눈에 띄면 선을 긋고 편을 가르는 우리 사회의 우울한 단면들이 영화의 갈피갈피에 데자뷰처럼 녹아 있다.

의견은 다양하게, 명령은 일사분란하게

매-비둘기 게임은 사회와 기업뿐 아니라 우리의 직장 내에도 적용된다. 회사는 기본적으로 분업의 토대 위에 세워진다. 때문에 각자의 맡은 바 역할을 충실히 하다 보면 매파와 비둘기파로 나눠질 수밖에 없다. 흔히 마케팅과 사업부서는 매파, 스텝이나 재무부서는 비둘기파인 경우가 많다. 왜 그런지 내막을 들여다보자.

사업부서의 가장 중요한 KPI(핵심성과지표, Key Performance Index)는 통상 사업의 확장이다. 100개 팔았으면 다음에는 120개 팔아야 하고, 서울에만 팔았으면 다음에는 전국을 공략해야 하는 것처럼 말이다. 그렇기 때문에 사업부서는 투자비가 얼마가 들든 간에 공격적으로 확장하고 싶은 거다. 단지 KPI 점수를 잘 받기 위해 그러는 게 아니라 사업부서 직원들의 사고방식이 진짜 그렇게 바뀐다(화끈하고 대책 없다).

반면 재무부서는 회사의 살림살이를 챙기는 게 가장 중요한 KPI이기 때문에 돈 쓰는 일은 가급적 기피한다. 장기적으로 회사에 도움이 되는 투자라고 해도 중요한 것은 오늘 당장 먹고사는 일이라고 믿는다. 그렇다 보니 같은 투자 안건을 놓고도 리스크만 크게 보게 되고 점점 더 투자에 인색하게 바뀌는 것이다(믿음직스럽고 쪼잔하다).

매-비둘기라는 관점에서 보면 서운해 사장은 절대 답답해 할 일이 아니다. 이기분 상무와 권태기 상무는 각자 자기 역할을 충실히 하고 있고, 그건 달달제과가 잘 돌아가고 있다는 증거다. 사사건건 의견이 대립한다고 해서 탓할 일은 아니다.

기원전 6세기경 페르시아 제국을 건설한 키루스 대왕의 구호는 "의견은 다양하게, 명령은 일사불란하게"였다고 한다. 건강한 조직은 갈등제로(Zero) 조직이 아니다. 오히려 갈등을 장려하고 포용함으로써 다양한 의견이 표출될 수 있도록 해야 한다. '다름'을 '틀림'으로 간주하는 획일화된 문화 속에서는 발전이 없다.

이 얘기 저 얘기를 모두 듣고 취합한 후, 중간에서 균형 잡힌 결정을 내리는 게 사장의 존재 이유다. 매둘기나 비둘매는 바로 서 사장 자신이어야 한다. 그런 역할이 아무래도 부담되고 자신이 없다면 역량 있는 매둘기와 비둘매를 키우시라. 흔히 비서실이나 경영기획실이 사장 직속으로 존재하는 이유다.

20 대 80 법칙의 재해석

20 대 80의 법칙. 어느 사회든 대략 20퍼센트의 부지런한 개체와 80퍼센트의 게으른 개체가 공존한다는 법칙이다. 그런데 만약 20퍼센트만 남기고 80퍼센트를 없애면 어떻게 될까? 과연 20퍼센트 에이스로만 구성된 조직은 획기적인 생산성 향상을 가져올 수 있을까? 왠지 아닐 것 같다. 실제 개미 사회를 놓고 실험해봐도 그렇다. 놀고먹는 80퍼센트를 제거한 후에 관찰해보면 남겨진 20퍼센트 중에서 슬슬 게으름을 피우는 녀석들이 생겨나더니 다시 20 대 80으로 수렴되어간다고 한다. 마찬가지로 게으른 80퍼센트만 남겨놔도 시간이 지나면 결국 그중에서 부지런한 20퍼센트가 분화되어 나올 것으로 보인다. (조직 진화의 관점에서 봤을 때 20 중에 80이 숨어있고 80 중에 20이 녹아있는 것이다. 즉 현재 잣대로 우열을 가르기보다 우등 직원들이 나태해지지 않게, 또 열등 직원들이 분발할 수 있게 유도하는 것이 중요하다는 말이다.)

승진,
그 치명적
유혹

선점게임

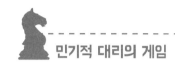

민기적 대리의 게임

3월 정기 인사발령이 이제 하루 앞이다. 이 말은 민기적 대리의 발작성 두통도 이제 하루면 끝난다는 얘기다. 연초만 되면 시작되는 그의 두통은 다분히 조건반사적이다. 출근할 때만 해도 멀쩡하다가도 어디선가 '인사', '자리', '발령' 등 단어가 들릴라 치면 어김없이 뉴런에 고압전류가 흐른다. 침 한번 삼키고 넘어갈 만한 묵직한 통증이 아니라 바늘로 찌르는 듯한 신경질적인 편두통이다.

인사철만 되면 왜 그렇게 말이 많아지는 걸까? 누가 승진할 거라느니, 누구는 퇴출이라느니, 아무개는 무슨 빽이 있고, 아무개는 노조가 민다느니 등등. 월급 받았으면 각자 자기 할 일만 열심히 하면 될 터인데, 왜 그렇게 남의 일에 참견이 많은지 모르겠다. 작년 이맘때는 도저히 참기 힘들어 난생 처음 신경정신과라는 데를 찾아갔다.

50대 중후반의 돈 많아 보이는 의사였다. 그는 민 대리의 눈을 지그시 노려보더니 확신에 찬 목소리로 진단과 처방을 동시에 하달했다. "스뜨레스 때문에 그렇습니다. 절대 스뜨레스 받지 마세요." 현대인이 앓는 질환의 대부분은 스트레스성이라고 한다. 그렇다면 이제 의사의 자질은 전문지식의 깊이나 경험의 많고 적음이 아니라 '스트레스'라는 단어를 얼마나 우아하게, 또 단호하게 발음하는가에 따라 결정되는가 보다.

민기적 대리의 입사동기 27명 중에 2명이 퇴사했고 남은 사람이 25명이다. 그중에서 재작년에 4명, 작년에 8명이 과장을 달았으니까 현재 스코어는 과장 12명, 대리 13명, 거의 반반이다. 이럴 때가 제일 숨 막힌다. 만일 이번에 요행히 승진한다면 민 대리도 간신히 우등생 그룹에 낄 수 있다. 비록 턱걸이지만 누가 알겠는가. 몇 년 뒤에 대기만성해서 선두로 치고 나갈 수 있을지. 그런데 만일, 설마 그럴 리야 없겠지만 진짜 만일, 이번에도 물을 먹으면 민 대리는 꼼짝없이 열등생으로 추락하게 된다.

학교 때는 성적이 좋든 안 좋든 간에 선배, 후배, 친구 사이의 관계가 쉽게 변하지 않는다. 직장은 다르다. 먼저 승진한 동기는 그 즉시 상사가 된다. 호칭도 '과장님'으로 바뀌고 맡는 역할도 달라지기 때문에 영영 따라잡기가 어려워진다. 참 미치고 팔짝 뛸 노릇이다. '아, 인생은 왜 이리 끝까지 피가 마를까.' 그러고 보니 요즘은 하늘마저 항상 우중충한 잿빛이다. 비라도 쏟아져주면 좀 나으련만. 하늘을 올려다보며 민 대리는 혼자 중얼거려본다. '승진 없는 평등한 세상에서 살고 싶어요. 저는 승진 못 해도 괜찮으니까 제발 다른 애들도 승진 못하게 해주세요.' 민 대리의 등 뒤로 유난히 붉은 노을만 대답 없이 물들어간다.

퍼스트 무버의 함정, 캐즘

영화 〈파 앤드 어웨이(Far and away)〉의 배경은 1892년 서부 아일랜드. 지주계급에 대한 소작농들의 불만이 최고조에 달한 때다. 소작농의 막내아들 조셉(톰 크루즈)과 지주의 딸 쉐넌(니콜 키드먼)은 대기근으로 황폐해진 아일랜드를 떠나 아메리카라는 광활한 신천지 얘기에 끌려 모험을 감행한다. 그들의 최종 목적지는 땅을 거저 나눠준다는 미국의 오클라호마.

조셉과 쉐넌은 무사히 보스턴 항구에 도착하지만 돈이 될 만한 물건들을 모두 도둑맞는 바람에 알거지가 된다. 하는 수 없이 조셉은 도박 권투선수, 쉐넌은 닭털 뽑는 일용직 노동자가 되어 한푼 두푼 돈을 모은다. 그들의 최종 목표는 오클라호마로 타고 갈 마차를 장만하는 것. 그러던 중에 조셉이 내기권투를 하다 잘못되어 시합을 망치는 바람에 그들은 보스턴에서 쫓겨나고 만다. 제대로 먹지도 못하고 거리를 헤매는 두 사람. 과연 그들은 꿈에 그리던 넓은 땅을 차지할 수 있을까?

영화의 압권은 역시 한 뼘이라도 더 넓은 땅을 차지하려고 조셉이 말을 타고 광야를 질주하는 장면이다. 무주공산(無主空山)에 깃발을 꽂는다는 게 바로 이런 것일까. 선두에서 앞서 달린다는 게 좀 두렵기는 해도 남들 꽁무니만 따라가는 것보다야 백번 낫지 싶다.

비즈니스도 그렇다. 우리 기업들도 이제 과거의 패스트 팔로어(Fast follower)에서 어엿한 퍼스트 무버(First mover)로 변신해야 한다는 얘기를 많이 한다. 어느새 우리 수준이 이만큼 올라섰나 싶어 듣는 것만으로도 가슴 벅차다. 허나 '앞으로 그래야 한다'와 '당장 그렇게 하자'는 하늘과 땅 차이다. 세상에 공짜가 어디 있겠는가. 퍼스트 무버가 되면 얻는 게 큰 만큼 위험 부담도 만만찮다.

퍼스트 무버는 기본적으로 시장 선점을 노린다. 성공만 한다면 누구의 방해도 받지 않고 독점 이익을 향유할 수 있다. 시간이 지나 후발 경쟁자들이 덤벼들어도 먼저 찜해놨다는 기득권이 자연스럽게 진입장벽 역할을 해준다. 그야말로 대박이고 블루오션이다.

그런데 문제가 있다. 애써 차지한 신천지에 황금은 없고 먼지만 폴폴 날리고 있다면 큰일이다. 소비자들이 아직 지갑을 열 준비가 되어 있지 않다면 시장을 선점해봤자 아무 이득이 없다는 말이다. 수백 년간 맨발로 살아온 원주민들에게 인체공학적으로 설계된 러닝화의 장점을 떠들어봤자다. 소비자들은 가끔씩 빛보다 빠르게 반응하기도 하지만 대개는 관성의 법칙을 따른다.

두 기업이 선점게임을 벌이고 있는 상황을 보자. 이들은 시장에 먼저 뛰어들 것인가 아니면 좀 더 상황을 지켜보다 성미 급한 상대의 뒤를 따라갈 것인가를 결정해야 한다. 두 기업이 구사할 구체적인 전략과 그로부터의 이해득실은 시장의 특성(크기 및 반응속도 등)과 각 기업이 처한 입장(조직민첩도, 자본력 등)에 따라 달라진다. 하지만 한 가지는 확실하다. 둘 다 선점을 노리고 앞 다퉈 시장에 뛰어드는 것은 모두에게 패착이라는 점이다. 초창기 시장 규모가 두 기업 모두를 먹여 살릴 정도로 크지 않다면 최악의 치킨게임에 빠질 수도 있다.

이때 캐즘이론(Chasm theory)을 눈여겨볼 필요가 있다. 일단 신제품이 출시되고 나면 유행에 민감한 얼리어답터들이 주도하는 초기 시장과 실용성을 중시하는 일반 소비자들이 주도하는 주류 시장 사이에 일시적인 수요 정체, 즉 캐즘이 발생한다(캐즘은 원래 지각변동에 의해 생겨난 지층 균열을 뜻하는 지질학 용어). 당장에라도 세상을 뒤엎을 것처럼 부산을 떨며 등장했던 수많은 첨단 벤처들이 소리 소문 없이 소멸하는 이유가 바로 이 캐즘을 극복하지 못했기 때문이다. 캐즘 단계를 넘어서야 비로소 기술이 범용화되면서 일반 대중에게 확산되고 비로소 기업도 시장을 석권할 수 있다.

선점의 이해득실을 잘 따져라

미국 서부시대에도 초창기 개척자들은 인디언과 싸우다 죽고, 병에 걸려 죽고, 말 타다 떨어져 죽는 경우가 부지기수였다. 한참 시간이 흐른 후, 이들 선발자들의 죽음으로 다져진 토대 위에서 알토란 같은 실리를 챙긴 건 철도와 석유 회사들이었다. 시장 선점이 주는 달콤한 환상에서 깨어나야 한다. 얼리어답터들의 환호는 신기루일 공산이 크며 변덕스럽기까지 하다. 많은 경우 성미 급한 경쟁자들이 먼저 나섰다가 캐즘에 빠져 죽고 이들의 시신(屍身)으로 캐즘이 어느 정도 메워진 후에 진입하는 것이 최적 타이밍이다. 스스로 캐즘을 건너뛸 확신과 배짱 그리고 밑천이 없다면 더더욱 그렇다.

영화의 결말이 궁금한 분들을 위해 다시 영화로 돌아가자. 자포자기에 빠진 조셉은 쉐넌과 헤어지고 무작정 방황을 시작한다. 아메리칸 드림을 꿈꾼 이주민들의 운명이 대부분 그러했으리라. 하지만 조셉과 쉐넌은 대서양을 건널 때 품었던 희망의 끈을 놓지 않고 온갖 시련을 이겨낸 끝에 오클라호마에서 극적으로 재회한다. (당시 광활한 대륙을 개척하기 위해 막대한 노동력이 필요했던 오클라호마에서는 실제로도 독특한 이주 정책을 시행하고 있었다. '체로키 레이스'라는 경주를 열어 160에이커마다 꽂혀 있는 깃발을 먼저 차지하는 사람에게 깃발이 꽂혀 있던 땅을 무상으로 나눠주었던 것.) 조셉은 아무도 거들떠보지 않던 거친 야생마를 타고 초원을 질주한다. 그리고 결국 땅도 얻고, 그보다 더 소중한 쉐넌의 사랑도 얻는다.

영화는 이렇게 해피엔딩으로 끝나지만 현실은 그렇게 호락호락하지 않다. 아무리 태연한 척해도 모두 알고 있다. 지난번 정기인사 때 당신이 뭘 기대했는지를. 승진을 하면 참 좋다. 여러 가지로 생기는 게 많다. 우선 금전적으로 월급과 각종 복지혜택이 오른다. 이게 얼마나 대단한 건지는 당신을 바라보는 가족들의 눈빛이 말해줄 거다. 복도를 거닐 때면 반갑게 인사하는 직원들의 숫자도 부쩍 늘어난다. 급기야 빽이 든든해서 좀체로 목이 안 굽혀진다는 녀석들까지도 가까스로 목례를 해준다.

하지만 동전에는 양면이 있는 법. 승진에 따른 마이너스도 만만찮다. 우선 권한에 비례해 책임이 커진다. 팀원일 때는 주어진 일만 해치우면 그다음은 무한 자유다. 허나 승진해서 팀장이 되면 하루도 마음 편할 날이 없다. 맡은 일이 잘못되면 설사 운이 나빴거나 피치 못할 사정이 있었더라도 실패의 책임에서 자유로울 수 없다. 산업화 초창기에는 승진의 사다리를 먼저 오르면 회사에서 잘릴 위험이 줄어드는 것이 사실이었다. 이제는 먼저 올라가면 먼저 내려와야 한다.

승진 빨리 했다고 의기양양할 이유도, 승진에서 밀렸다고 주눅들 필요도 없다. 사람마다 자기에게 어울리는 자리가 있기 마련이다. 영업의 달인이었던 사람이 승진해서 영업관리를 맡으면 영 엉망이 되는 경우도 많다. 반면 만년 '붙박이'라고 무시당했던 사람이 나중에는 그 분야 달인이 되어 정년을 꽉꽉 채우고도 계약직으로 재입사하는 경우도 있다. 결국 선점의 이해득실을 잘 따져보고 언제 액셀러레이터를 밟을지, 언제 서행 운전을 할지를 결정해야 한다.

노래방 선구자들의 몰락

1990년대 초 노래방이 처음 등장했을 때만 해도 (최소한 필자가 기억하기로) 소비자들은 그다지 호의적이지 않았다. '술 따로 노래 따로'가 뭔 재미이고 '노래방 찾다 술 다 깬다'는 이유로 애주가들은 코웃음을 쳤다. 그렇게 초창기 시장선점을 노렸던 선구적(?) 노래방들은 '시대를 앞서간 죄'로 씁쓸히 입맛을 다시며 퇴장해야 했다. 빨라도 너무 빨랐다.

노래방이 지금의 위상을 굳히게 된 것은 그로부터 한참 시간이 흐른 후, 취객들의 고성방가에 대한 술집 주인들의 인내심이 바닥나고 인근 주민들의 분노 게이지가 임계치를 넘어선 즈음이 아닌가 싶다. (일부 노래방에서 암암리에 술을 팔기 시작한 것도 큰 요인으로 작용했다.)

Round 11

해서는 안 될 이유

승자의 저주

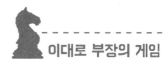

이대로 부장의 게임

"사랑하는 달달제과 가족 여러분. 글로벌 경기 불황 속에서 살아남기가 점점 더 버거워지고 있습니다. 우리 주력 제품인 '슈가짱'의 매출이 나아질 기미가 보이질 않아요. 이럴 때 여러분의 좋은 머리에서 참신한 아이디어가 팍팍 나와줘야 합니다. 회사의 미래를 밝혀줄 신제품 아이디어를 공모할 터이니 많이 참여해주시기 바랍니다." 정확히 6개월 전, 회사 창립기념식에서 서운해 사장이 전 직원 앞에서 발표한 내용이다. 좋은 아이디어에 대해서는 파격적인 보상을 하겠다는 약속도 덧붙였다.

사장의 발표에 모두들 귀가 솔깃했지만 특히 이대로 부장과 조용한 부장의 눈에서는 불꽃이 튀었다. 이번 기회가 임원으로 올라가느냐, 아니면 만년 부장으로 회사 생활을 접느냐의 갈림길일지 모른다는 예감이 들었기 때문이다. 사장이 말한 '파격적인 보상'은 상금이거나 승진이다. 상금을 받아도 인사기록에 남으니까 승진에 도움이 된다. 결국 이번에 반드시 기가 막힌 아이디어를 짜내야 한다는 말이다. 이 부장은 평소에 눈여겨봐뒀던 후배 몇 명을 포섭해서 태스크포스(Task force)를 꾸리고 공모 전쟁에 돌입했다. 조 부장도 태스크포스를 꾸렸다는 소문이 들렸다.

제일 먼저 할 일은 아이템을 정하는 것인데 이때 가장 중요한 것은 바로 '그 남자'의 취향이다. 헛똑똑이들은 보통 시장성이니 성장성이니 하는 것들을 따지기 마련인데 다 부질없는 짓이다. 아무리 기가 막힌 아이템이면 뭐하나, 오너인 사장이 싫다고 하면 말짱 도루묵이지. "가만있어 보자. 사장이 좋아할 만한 아이템이라면…… 옳지, 바로 그거다." 이대로 부장은 무릎을 탁 쳤다. 서운해 사장은 왕십리 구석의 허름한 빵집 조수로 인생을 출발했다. 그 추억 때문인지 지금도 점심에 종종 비서를 시켜 빵을 사다 먹는다고 들었다. 그래 바로 빵이다.

일단 아이템을 정하고 나자 그다음부터는 일사천리였다. 우선 가까운 친구들과 그 가족들을 상대로 어떤 빵을 원하는지 서베이부터 했다. 기존 프랜차이즈 업체들의 동향 파악을 위해 빵이란 빵은 죄다 사다가 시식도 했다. 빵을 만들려면 어떤 기술이 있어야 하는지도 조사했고, 혹시 재료를 구하는데 어려움은 없는지도 은밀하게 확인했다. 유통채널이 따로 필요한지, 기존의 과자 유통에 올라타면 되는지도 확인했다.

한 가지 이상한 점은 조용한 부장이다. 프로젝트가 시작되고 두 달쯤 지났을 땐가, 조 부장 쪽도 빵을 선택했다는 얘기를 들었을 때는 정신이 아찔했다. 하긴 사장이 빵과 사랑에 빠졌다는 건 사내에 모르는 사람이 없으니까 조 부장도 그럴 만했다. 기왕지사 이렇게 된 이상 조 부장보다 더 근사한 기획안을 만들어야지 하며 마음을 다독이고 의지를 다졌다. 그런데 지난달에 이해할 수 없는 일이 벌어졌다. 한동안 부지런을 떨던 조 부장 쪽에서 돌연 공모

깨울~~

'승자의 저주'를 피하는 방법은 욕심을 자제하는 것밖에 없다.
욕속부달(欲速不達), 서두르면 이르지 못한다.

대회 참가를 취소해버린 것이다. 도대체 무슨 꿍꿍이일까.

드디어 기획안 제출일 아침이 밝았다. 모든 준비는 이미 마쳤고 이제 출근해서 비서실에 기획서를 제출하기만 하면 된다. 지하철에 올라 탄 이대로 부장은 모처럼 상쾌한 기분으로 신문을 펴 들었다. 콧노래까지 흥얼거리며 신문을 넘기던 이 부장은 경제면 아랫단에 실린 기사 하나에 그대로 얼어붙었다. "샤이니제과 빵 사업 전격 진출, 제과에서 제빵으로 대도약 기대." 샤이니제과는 달달제과의 숙적이다. 아, 이거였구나, 정보력 빠른 조 부장이 미리 포기해버린 이유가. 다 이겼다고 생각했는데 이런 날벼락이……. 지금 기획안을 제출하면 누가 봐도 뒷북치는 꼴로 보일 게 뻔하다. 이 부장의 귓가에 조 부장의 싸늘한 웃음소리가 희미하게 들려왔다.

누가 진정한 승자인가?

2013년 개봉한 영화 〈올드보이(Old boy)〉는 박찬욱 감독이 만든 한국판 〈올드보이〉를 할리우드가 리메이크한 작품이다. 광고회사 간부 조 두셋(조쉬 브롤린)은 정체를 알 수 없는 자들에게 납치되어 영문도 모른 채 독방에 감금된다. 한국판의 최민식처럼 그도 역시 TV만 덩그러니 놓인 방에 갇혀 만두만 먹으며 20년을 보낸다(한국판과는 달리 술도 제공된다. 미국은 역시 인권국가다). 그러던 어느 날, TV를 보다가 자신의 와이프가 무참하게 살해당하고 그 누명이 고스란히 자신에게 씌워졌음을 알게 된다. 그때부터 조는 이를 갈며 복수를 꿈꾼다.

생각을 성과로 이끄는 성공 원동력 20
실행이 답이다
이민규 지음 | 304쪽(양장) | 값 14,000원

실행력이 최고의 경쟁력이다!

모든 위대한 성취는 행동함으로써 이루어진다. 이 책은 미루기만
하고 좀처럼 실행에 옮기지 못했던 당신에게 '실행력' 부족을 개선
하기 위한 사고방식과 실행 노하우를 친절하게 알려준다. 각각의
주제에 대해 실행과 관련된 문제 사례를 소개하고 실행을 방해하는
심리학적인 문제를 분석한 다음 그에 대한 해결책을 모색한다.

★ 일본, 중국 수출

행복한 인간관계를 위한 셀프 리모델링 25
끌리는 사람은 1%가 다르다
이민규 지음 | 260쪽(양장) | 값 12,000원

100만 독자가 선택한 인간관계의 바이블!

오늘날 성공하는 데 가장 중요한 요소는 대인관계다. 이 책은 직장
동료나 고객, 상사 또는 친구, 가족 등 행복한 인간관계를 위한 25
가지 비결을 소개하고 있다. 이미 100만 부 이상 팔린 최고의 베스
트셀러로서 수많은 독자의 공감과 지지를 받고 있다.

★ 2006 문화관광부 선정 '우수교양도서' ★ 일본, 중국, 대만 수출
★ 〈책을만드는사람들(책만사)〉 2006 올해의 베스트셀러
★ 2006 네티즌 선정 '올해의 책' 〈삼성경제연구소〉 CEO 추천도서

심리학자 아버지가 아들에게 보내는 편지
지금 시작해도 괜찮아
이민규 지음 | 264쪽 | 값 13,000원

부모와 교사가 먼저 읽고 10대들에게 권하는 책!
20만 독자의 선택!

이 책은 더 행복하게 10대를 보내고 즐겁게 공부할 수 있는 방법을
담고 있다. 먼저 세상을 살아온 아버지가 자녀들에게 알려주고 싶
은 효과적인 공부법을 비롯해 인생을 살아나가는 데 도움이 되는
이야기들로 가득하다. 학습 동기, 삶의 목표, 관점의 차이, 시간관리
나 공부 방법 등에 대해 다양한 사례와 실험, 심리학적 근거를 바탕
으로 구체적인 실천 방법을 제안한다.

3040 직장인의 두 번째 진로 상담
원하는 삶이 어떻게 일이 되는가

정연식 지음 | 232쪽 | 13,000원

원하는 하루를 그릴 수 있을 때 '평생의 일'이 보인다!

가야 할 방향을 잡지 못해 고심하는 직장인들의 진로에 관한 18가지 고민과 해법을 담았다. 회사를 여러 번 옮기고도 한곳에 마음을 두지 못하고, 퇴직 후에 얼마나 오래 일할 수 있을지 걱정하고, 창업을 해야 하나 말아야 하나 망설이는 등 대한민국 평균 직장인들의 걱정거리를 해결해준다.

간결한 소통의 기술
브리프

조셉 맥코맥 지음 | 홍선영 옮김 | 264쪽 | 값 13,000원

보고, 회의, 이메일, 잡담… 한마디면 충분하다!

정보과잉시대를 타개할 새로운 기준으로 간결함을 제시한다. 간결함이 왜 중요한지, 어떻게 간결해질 수 있는지를 보여주며 낭비되는 말을 줄이고 간결함을 돋보이게 하는 방법을 알려준다. 저자가 제시한 방법을 따라가다 보면 아이디어를 다듬어 핵심만 추려내고, 이를 적절한 타이밍에 말하는 법을 배울 수 있다.

생각과 자료를 완벽하게 정리하는
보고서의 신

박경수 지음 | 272쪽 | 값 14,000원

자료는 넘쳐나는데 왜 쓸 수 없을까?

보고서 작성은 단지 텍스트와 숫자, 이미지를 나열하는 일이 아닌 '생각을 체계화하는 일'이다. 보고서 작성의 4단계, 즉 생각하기, 프레임 설정하기, 작성하기, 전달하기의 방법과 핵심을 설명하며, 특히 로지컬 씽킹을 통해 '나의 생각'을 논리적이고 차별적으로 담아내 실행으로 이어질 수 있는 방법을 소개한다.

의사에게 살해당하지 않는
47가지 방법

곤도 마코토 지음 | 이근아 옮김 | 240쪽 | 값 13,000원

이 책을 읽기 전에 절대 병원 가지 마라!

이 책을 통해 건강 정보를 원하는 독자들은 병원과 약을 멀리함으로써 보다 건강하게 살 수 있는 방법을 스스로 선택할 수 있으며, 불필요한 건강 검진과 예방 의학에 속아서 돈과 시간, 심지어 생명까지 바치는 환자들에게도 의사의 친절에 가려진 불편한 의료 현장의 진실을 속속들이 들려주는 내용을 담고 있다.

병원 가도 알 수 없는 만성통증의 원인
왜 이유 없이 계속 아플까

게리 캐플런, 도나 비치 지음 | 이은경 옮김 | 368쪽 | 15,000원

병원 치료가 오히려 통증을 키운다?

미국 통합의학 분야 권위자인 저자는 만성통증의 근본 원인을 규명하고 완치의 길을 제시한다. 현재의 증상과 감정상태, 과거 병력, 주변환경, 생활습관 등 모든 이야기를 들은 뒤 개개인에게 특화된 처방과 치료 계획을 세워준다.

전 세계 30여 개국
100만 독자들의
인생을 바꾼 책!

물은 답을 알고 있다

에모토 마사루 지음 | 홍성민 옮김
200쪽 | 값 10,000원

물은 답을 알고 있다 2

에모토 마사루 지음 | 홍성민 옮김
224쪽 | 값 10,000원

그런 그가 어느 날 눈을 떠보니 커다란 가방 안에 갇혀 바깥세상으로 나오게 되었다. 잡혀간 이유도, 20년 만에 풀려난 이유도 모르기는 마찬가지다. 조는 거리에서 만난 친절한 여의사 마리(엘리자베스 올슨)의 도움으로 차근차근 복수를 향해 나아간다. 그 과정에서 그 유명한 장도리 액션신이 할리우드식으로 재해석되어 현란하게 펼쳐지는 것은 물론이다. 드디어 자신을 감금한 악당을 찾아내고 20년을 별러왔던 복수를 눈앞에 둔 승리의 순간, 조는 새로운 사실을 알게 되고 수렁 같은 절망감에 빠진다.

현실에서도 승리의 열매가 언제나 달콤하지만은 않은 것이 게임이론의 유명한 개념인 '승자의 저주'가 있기 때문이다. 경쟁에서 이기긴 했으나 과도한 비용이나 대가를 치르는 바람에 엄청난 후유증에 시달리는 현상을 일컫는다. 비슷한 개념으로는 '피로스(Pyrrhus)의 승리'가 있다. 피로스는 고대 그리스 지방인 에피로스의 왕이었는데, 로마와의 전쟁에서 여러 차례 승리했지만 장수들을 많이 잃는 바람에 가장 중요한 최후의 전투에서는 허망하게 패하고 만다. 현실에서는 이렇듯 실속 없는 승리나 상처뿐인 영광이 종종 발생하는데, 경쟁에 눈이 멀어 궁극적인 이해득실을 제대로 챙기지 못한 데서 비롯된 결과이다.

영화에서 조를 감금했던 아드리안(샬토 코플리)은 어린 시절 조의 철없는 행동으로 인해 가족 전체가 큰 고통을 받았고, 그 앙갚음으로 조를 20년간이나 괴롭혔던 것이다. 하지만 아드리안이 마지막 순간에 자살을 택함으로써 조는 승리의 쾌감을 오래 누리지 못한다. 20

년 감금의 복수를 위해 아드리안의 졸개들을 하나씩 해치우면서 승리감을 만끽하던 조는 아드리안의 사연 앞에서 괴로워하며 스스로 교도소로 걸어 들어가는 길을 택한다. 결국 이 영화에서는 어느 누구도 (심지어 거듭되는 반전에 번번이 속은 관객까지도) 승자가 되지 못하고, 모두가 '승자의 저주'에 빠져 개운치 않은 결말을 맞게 된다.

'승자의 저주'가 본격적으로 회자되기 시작한 것은 1950년대 멕시코 만의 석유 시추권 입찰에서부터다. 당시는 정확한 석유 매장량을 측정할 방법이 없어 어림짐작으로 가늠해 입찰을 했는데, 엄청난 비용을 들여 시추권을 따내고 보니 석유 매장량이 터무니없이 적어 큰 손해를 보게 된 데에서 유래했다. 이후 경제·경영 분야에서 이 용어가 자주 쓰였는데 대체로 낙찰 비용 대비 이득을 얻지 못했을 때, 혹은 과도한 비용을 들여 인수합병을 했는데 시너지는커녕 경영이 위험에 빠지거나 큰 후유증을 겪게 될 때 많이 쓰인다.

버크셔 해서웨이를 이끌고 있는 미국의 투자 귀재 워렌 버핏은 첨단기술주에는 투자하지 않는 것으로 유명하다. 첨단기술이 언젠가 세상을 바꿀지는 모르겠지만 그렇다고 해서 그 분야 기업들이 모두 이득을 얻는 것은 아니라는 점을 간파했기 때문이다. 승자의 저주를 피해가는 노련함이 엿보인다.

해서는 안 될 이유를 따져라

그런데 '승자의 저주'는 왜 발생하는 걸까. 가장 큰 이유는 투자할 종목이나 기업의 가치를 정확히 평가하는 것이 사실상 불가능하기 때문이다. 인수할 대상의 역량과 미래 잠재력, 인수 후의 시너지 등을 평가하는 데는 주관이 개입될 수밖에 없다. 그런데 항상 남의 떡이 더 커 보이기 마련이어서 인수하겠다는 마음을 먹는 순간 실제 가치 대비 높은 비용을 지불하고 마는 것이다. 세일기간에 뭐에 홀린 듯이 사들였다가 차곡차곡 공간만 차지하고 있는 애물단지들을 떠올리면 금방 이해가 된다. 혹은 어느 순간 빨래 건조대 역할을 떠안게 된 거실 귀퉁이의 러닝머신을 떠올려도 된다. 인수합병을 통해 단기간 내에 사업 규모와 범위를 넓히고 싶은 것은 기업가들의 본능이다. 하지만 그 과정에서 자칫 오버를 했다가는 여지없이 '승자의 저주'에 걸려들고 만다.

'승자의 저주'를 피하는 방법은 욕심을 자제하는 것밖에는 없다. 기업이라면 대규모 투자가 수반되는 의사결정을 내릴 때 '해야 하는 이유'와 더불어 '해서는 안 되는 이유'를 함께 고민하는 균형감각이 필수다. 장사 하루이틀 하고 말 것이 아니라면 말이다. 얼마전 웅진과 STX 그룹의 몰락은 직간접적으로 관련된 임직원들뿐만 아니라 기업가정신에 목말랐던 한국 경제에 커다란 손실이었다. 위에서 '돌격 앞으로'를 외칠 때 누군가 '그런데 왜요?'라고 물을 수 있었다면 모처럼의 단비 같았던 샐러리맨 신화가 그렇게 속절없이 무너지지는 않았을 텐데……..

욕속부달(欲速不達). 서두르면 이르지 못한다. 직장에서 의사결정을 내릴 때에도 자신의 판단을 점검하고 모든 위험요소들을 사전에 거르는 안전장치를 갖춰야 한다. 이때 의사결정 유형별로 자주 발생하는 오류들을 미리 체크리스트화하고, 의사결정의 매 단계마다 꼼꼼히 따져보는 것이 도움이 된다. 상명하복, 일사불란의 문화는 '승자의 저주'를 부를 개연성이 높다. 악마의 옹호자(Devil's advocate), 마이너리티 리포트(Minority report), 워 게임(War game), 역할전이(Role reversal) 등의 방법을 써서 주변의 다른 의견들에도 귀를 기울여야한다.

승자의 저주를 자초하지 말라

승승장구(乘勝長驅). 직장인이라면 누구나 한번쯤 그려봤을, 아니 지금 그리고 있을, 자신의 자화상이다. 시치미 떼봤자다. 밑바닥에서 박박 기거나 방랑시인처럼 유유자적하려고 입사한 건 아니지 않은가. 하지만 가만히 위를 올려다보라. 혹시 막연히 꿈꿔온 승승장구가 그저 전설이거나 신화처럼 보이지는 않는가. 오히려 한때 잘나갔던 아무개가 중간에서 미끄러져 추락했다는 얘기가 더 현실적이다. 승리의 열매가 달콤해 보일수록 후유증은 더 쓰다.

주변의 견제, 시샘, 험담 등 승승장구가 어려운 이유는 참 많다. 하지만 그중에 가장 큰 이유는 자기 자신의 마음가짐이다. 한두 번 칭찬 듣고 인정받게 되면 자만이 싹트기 마련이다. 모든 일이 착착 풀릴 것만 같다. 어제도 그랬고, 오늘도 그랬듯이, 내일도 승리는 자신의 몫이라는 확고한 믿음을 갖게 된다. 그러니까 사람이다.

하지만 어제의 당신과 오늘, 그리고 내일의 당신은 이미 다른 사람이다. 더 이상 당신은 헝그리 정신으로 똘똘 뭉쳐 있지 않고, 회사를 위해 기꺼이 한목숨 바치겠다는 비장함도 잃은 지 오래다. 이미 성취를 경험한 당신은 지금은 '잃을 게 너무 많은' 소심한 사람으로 변해버렸다. 승리의 여신 니케는 더 이상 당신에게 미소를 보내지 않는다. 결국 승자의 저주는 당신이 자초한 것이다.

영화 뒷얘기 하나. 할리우드판으로 리메이크된 〈올드보이〉는 원작의 날 선 느낌은 줄고 스토리 위주로 나아간 측면이 있다. 그래서인지 할리우드에서는 그다지 흥행에 성공하지 못했고, 한국판 오리지널의 영상, 이미지, OST 등에 한참 못 미친다는 평가를 받았다. 그럼에도 한국 영화가 할리우드에서 리메이크되었다는 사실 자체는 반가운 일이다. 한국판과 할리우드판을 번갈아 보면서 최민식 대 조쉬 브롤린, 유지태 대 샬토 코플리, 강혜정 대 엘리자베스 올슨의 연기를 비교 평가해보는 재미가 쏠쏠하다.

저주에 빠진 M&A

M&A는 기업이 단기간에 성장할 수 있는 매우 유용한 경영전략이다. 하지만 M&A로 재미를 봤다는 기업은 의외로 적다. 2006년 금호아시아나 그룹은 약 6조 4,000억 원에 대우건설을 인수했는데, 그 과정에서 3조 원가량을 차입한 것이 화근이었다. 결국 그룹 전체가 부실 위기에 몰려 금호산업은 워크아웃에 들어갔고, 대우건설도 인수 4년여 만인 2010년에 산업은행에 재매각해야 했다.

웅진그룹은 2007년 론스타로부터 예상가의 두 배인 6,600억 원을 지급하고 극동건설을 인수했다. 하지만 곧바로 닥친 금융위기 속에서 자금난에 빠졌고 2012년에 법정관리에 들어가고 말았다. 그 밖에도 동부그룹의 아남반도체 인수(2007), 한화그룹의 대우조선해양 인수(2008), 현대차 그룹의 삼성동 한전 부지 인수(2014) 당시에도 승자의 저주가 이슈가 된 바 있다. 대놓고 얘기를 못해서 그렇지 M&A 후유증으로 속앓이를 하고 있는 기업들까지 따져본다면 M&A는 천재일우의 기회가 아니라 노이무공(勞而無功. 애만 쓰고 보람이 없다)의 씨앗이 될 가능성이 크다.

회사는 회사,

나는 나

03

상사는
모두
악마일까

우연희 사원의 게임

스마트폰 알람이 비명을 지른다. 지금 당장 일어나지 않으면 가만두지 않겠다며 목쉰 소리로 으름장을 놓는다. 우연희 사원은 몸을 한 번 뒤척였을 뿐 꿈쩍도 하지 않았다. 이미 정신 스위치는 온(On) 상태다. 오늘은 멀쩡한 평일이고 지금 발딱 일어나지 않으면 지각할 수도 있다는 것도 잘 알고 있다. 하지만 어쩌겠는가. 눈이 떠지질 않으니 말이다. 입사 3개월, 햇병아리 신참이 차마 할 소리는 아니지만 사실…… 출근하기가…… 너무너무…… 싫다.

이렇게 된 건 모두 그 인간, 나원래 과장 때문이다. 3개월 전, 서류, 인성, 토론면접을 모두 통과하고 합격 통보를 받았을 때는 그야말로 구름 위를 붕붕 나는 기분이었다. 연수가 시작되기까지 열흘 동안은 우연희 인생의 최고 절정기였다. 매일매일 이어지는 축하파티, 술로 시작해 술로 끝나는 하루하루가 미치도록 좋았다. 곧 월급 받을 생각에 학생 때는 꿈도 못 꿨던 옷이며 가방, 구두 같은 것들을 마구 쇼핑하는 재미도 쏠쏠했다. 비록 신입사원 연수는 달달제과의 이미지와는 한참 거리가 먼 이순신 장군 백의종군길 순례였

신입 때부터 확실히 훈련이 되어 있지 않으면 임원이 되어서도 얼렁뚱땅이 된다.
싹수가 보이지 않으면 관심도 안 보이는 차가운 공간이 바로 직장이다.

지만 그게 뭐 대수겠는가. 드디어 직장인이 되었다는 안도감과 대견함에 행군으로 물집 잡힌 발바닥까지 사랑스럽기만 했다.

일주일간의 연수를 마치고 드디어 자대 배치. 사무실에 첫발을 내딛는 바로 그 순간까지 우연희는 상상도 못했다. 그녀를 기다리고 있는 것은 구글 같은 '일하기 좋은 직장(GWP, Great Work Place)'이 아니라 아마겟돈 같은 생지옥이었다는 것을……. 왜냐고? 나원래 과장이 거기 있기 때문에.

나 과장은 한마디로 우연희 사원을 쪼기 위해 태어난 사람이다. 일처리가 민첩하지 못하다고 타박하지를 않나, 책상 위가 산만하다고 잔소리를 하지 않나. (엄마에게도 안 듣던 잔소리를 직장 상사에게 듣게 될 줄이야.) 시키지 않아도 알아서 할 일을 찾아 하라는 건 도대체 뭔 소리인지, 그럼 애당초 시키지나 말든지. 급기야 며칠 전에는 우연희의 복장이 회사가 추구하는 이미지에 맞지 않는다며 생트집까지 잡았다. 말이 안 나온다. 회사 이미지 좋아하시네. 그럼 과자 만드는 회사니까 과자 포장지로 옷을 해 입어야 하나? 애들 건강을 책임지는 사명감이 중요하니까 의사 가운이라도 빌려 입고 다녀야 하나?

제일 괴로운 건 트집을 잡을 때마다 나 과장이 던지는 시퍼렇게 날 선 멘트다. "이렇게 할 거면 지나가는 초딩을 데려다 시키지 왜 비싼 월급 주고 우연희 씨를 시켰겠어. 회사는 설렁설렁 다녀도 되는 설렁탕집이 아니란 말이야." 잡아먹을 듯이 노려보는 나 과장의 레이저 앞에서 우연희는 몸 둘 바를 모르는 몸종 코스프레를 펼치지만, 실상은 기가 막혀 죽을 것 같다. '매주, 매분기 영업실적 자료를 나처럼 척척 정리할 줄 아는 초딩 얼굴 한번 봤으면 좋겠다. 게다가 신참 사원 초봉이 얼마나 짠지 알지도 못하면서 비싼 월급 좋아하시네.' 아무래도 이건 아니지 싶다. 가만히 있으니까 누굴 가마니로 아나.

쓸 만한 인재 한 명

우연희 사원이 꼭 봐야 할 영화가 있다. 〈악마는 프라다를 입는다 (The devil wears Prada)〉. 영화는 미국 시골뜨기인 앤드리아 삭스(앤 헤서웨이)가 저널리스트의 부푼 꿈을 안고 뉴욕에 상경하는 장면으로 시작한다. 그녀는 나름 대학에서 쌓은 편집부 경험을 밑천으로 뉴욕의 여러 언론사에 이력서를 넣어보지만 번번이 퇴짜다. 그러던 차에 세계 최고의 패션잡지로 이름을 떨치던 런웨이로부터 편집장의 말단 비서직 제안을 받는다. 찬밥 더운밥 가릴 처지가 못 되는 앤드리아는 비록 꿈꿔왔던 저널리스트 자리는 아닐지라도 성공에 대한 일념으로 기꺼이 런웨이에 첫발을 내딛는다.

그런데 처음부터 꼬였다. 앤드리아가 모셔야 하는 편집장 미란다 프리슬리(메릴 스트립)는 그야말로 '프라다를 입은' 악마 같은 존재. 동도 트기 전 깜깜한 새벽부터 호출하는 건 예사, 매일매일 계속되는 야근과 느닷없고 불가해한 요구사항들. 말대꾸는 절대 금물이다. 편집장의 외동딸 학교 숙제도 대신 해야 하고 새로 나올 해리포터 원고를 미리 빼돌리는 능력까지 요구된다. 더욱 괴로운 건 이런 모든 고행을 패션계 분위기에 맞게 10센티미터 스틸레토 힐을 신고 완수해야 한다는 사실. 과연 미란다의 학대는 어디까지일까? 또 앤드리아의 인내심은 어디까지일까?

남의 일 같지가 않다. 코미디 영화지만 장면 장면에서 눈물이 그렁그렁 맺힐 지경이다. 미란다는 왜 예쁘기만 한 우리의 앤드리아를 괴롭히는 것일까? 이유는 바로 그녀들 사이에서 벌어지는 게임 상황에 있다. 미란다의 목적함수(Payoff function)는 곁멋 든 패션 업계에서 제대로 밥값을 해내는 충실한 비서 한 명을 구하는 것. 그래서 신참의 능력과 성실성을 집요하게 의심하고 테스트하는 것이다. 반면 앤드리아는 어떻게든 뉴욕에 자리를 잡고 기반을 닦는 것이 목적. 따라서 아무리 혹독한 요구사항도 이를 악물고 감내하는 것이다. 이렇듯 두 사람 사이의 밀고 당기는 게임 상황 속에서 자연스럽게 가학(加虐)과 피학(被虐)의 전략 앙상블이 전개된다.

어느 회사든 미래를 책임질 신규인력 채용은 회사의 성장과 존속에 가장 중요한 의사결정 사안이다. 그런데 제법 쓸 만한 인재 한 명을 골라내는 것이 어디 좌판에서 과일 고르듯 쉬운 일이겠는가. 자신의 역량과 품성은 본인 스스로만 알고 있기 때문에 입사 지원자는 회사 대비 일종의 정보우위(Informational advantage)를 갖는다. 스펙은 근사한데 막상 뽑아놓고 보면 잔심부름 하나 제대로 못하는 '무늬만' 전문 인력이 얼마나 많은가? 아나운서 뺨칠 화술과 연예인에 필적하는 연기력, 급기야 단점을 장점으로 포장하는 각종 면접 테크닉까지 보편화된 지금, 구직자는 자신의 약점을 최대한 숨기면서 정보우위를 향유한다. 즉, 회사를 속인다는 말이다.

이러한 상황을 게임이론에서는 레몬마켓(Lemon market) 상황이라고 한다. 거래 당사자 간에 정보 차이가 있는 경우 정보가 없는 쪽에서는 열등한 제품 혹은 서비스, 즉 레몬(혹은 빛 좋은 개살구)과 거래할 가능성이 높아진다. 예를 들어 보험에는 사고 발생 위험이 높은 사람이 주로 가입하고, 중고차 시장에는 시장가격 대비 질 나쁜 차량들이 주로 나오는 식이다. 노동시장도 마찬가지다. 기업이 제시하는 임금 수준보다 더 높은 연봉을 받을 수 있는 쓸 만한 인재들은 조건이 더 좋은 다른 기업으로 달려가버리고, 그보다 역량이 낮은 사람들만 폼이란 폼은 다 잡고 지원하게 된다.

오렌지가 되려면 시련을 견뎌야

정보열위에 놓인 기업 입장에서는 달리 도리가 없다. 연봉에 비해 함량 미달의 직원을 뽑거나 혹은 역량에 비해 과다 연봉을 지급할 위험, 즉 역선택(逆選擇, Adverse selection)의 가능성을 최소화하는 수밖에 없다.

매년 입사철만 되면 창조적 직원을 뽑기 위한 온갖 창조적 방법들이 동원되는데 (그 효과 여부를 떠나) 레몬 마켓의 상황을 이겨내기 위한 고육지책이다. 인성, 역량, 토론에 이르는 다단계 면접은 기본이고 일부러 난처한 질문을 던져 순발력과 임기응변을 테스트하기도 한다. 평생을 살면서 단 한 번도 접해볼 일이 없는 해괴한 퀴즈(서울 시내 맨홀 뚜껑 개수 알아 맞히기)도 종종 등장한다. 특히 위험부담이 큰 S급 인재 채용에 있어서는 담당 임원의 핵심성과지표(KPI)로 삼을 정도로 신중에 신중을 기한다.

뽑고 나서도 마찬가지다. 설사 나중에 레몬임이 밝혀져도 법적, 제도적으로 다시 무를 수는 없다. 그렇기에 회사는 어떻게든 레몬을 오렌지(좋은 품질의 제품, 서비스 혹은 사람)로 바꾸기 위해 신참들을 혹독하게 훈련시킬 수밖에 없다. 그리고 그 총대는 보통 직속 사수(射手)가 짊어진다. 그런 의미에서 당신의 사수는 시꺼먼 악마가 아니라 신참 훈련의 역사적 악역을 짊어진 고독한 조교였던 것이다. 그러니 신참들은 이해하시라. 이해가 힘들다면 그저 견뎌내시라. 곧 신참이 고참 되면 똑같은 미션을 받게 될 테니까.

요즘 대부분의 회사들은 '일하기 좋은 직장(GWP)'을 만들기 위해 신입 직원 선발 외에도 많은 노력을 한다. 갖가지 동호회 활동도 지원하고 회사 내에 카페테리아를 설치해놓기도 한다. 기존 직원들이 일에 치이고 지쳐서 점점 레몬으로 전락되어가는 것을 막기 위한 노력이다. 잘하는 일이다. 나름의 사명감으로 묵묵히 자리를 지켜온 기존 직원들은 어느 순간 자신이 회사의 자산이 아니라 비용 항목으로 취급되고 있다고 느낄 수 있다. 처음에 품었던 회사에 대한 기대와 애정이 배신감으로 바뀌는 것은 순식간이다. 산토끼(신입 직원) 잡으려다 집토끼(기존 직원) 잃는 경우, 무지 많다.

자, 이제 영화의 결론. 상상할 수도 없는 미란다의 학대와 동료 여직원들의 끊임없는 견제에도 앤드리아는 드디어 미란다의 마음을 사는 데 성공한다. 그녀의 용모도 입사 초기 촌스럽던 모습에서 어느덧 매력적인 패션계 커리어 우먼으로 일취월장한다(그야말로 66에서 44로의 대변신). 하지만 자리가 안정됨과 동시에 겉만 화려한 삶에 대한 회의와 순수했던 과거에 대한 그리움도 깊어간다. 그러던 어느 날, 옛 남자친구의 벽력같은 결별 선언을 듣고 그녀는 인생에서 진정 소중한 것이 무엇인지를 깨닫는다. 그러고는 자신이 애써 쟁취한 모든 것들을 미련 없이 내려놓고 원래의 꿈이었던 저널리스트의 길을 찾아 쓸쓸히 길을 떠난다(물론 미란다의 통명스럽지만 화끈하게 강력한 추천서를 품에 안고서).

나원래 과장의 핏속에 악마의 DNA가 흐르고 있을지도 모른다. 허나 성희롱이나 폭행처럼 경찰에 신고할 만한 행동이 아니라면 무조건 복종(?)하는 편이 현명하다. 우연희 사원이 괴로운 이유는 아마 두 가지 때문이지 싶다.

우선 요즘 신입 직원들은 기존 직원들에 비해 이른바 스펙이 뛰어난 경우가 대다수다. 출신 학교도 번듯하고, 학점은 끝내주며, 토익은 900을 훌쩍 넘는 사람도 많다. 집에 돈도 많은지 외국 어학연수도 턱턱 다녀오고, 벌써부터 차를 끌고 다닌다. 솔직히 스펙도 별 볼일 없고 여태껏 집 한 채 장만하지 못한 선배들이 한심해 보인다. 하지만 딱 거기까지다. 당장 때려 칠 생각이 아니라면 직장에 온 이상 직장의 룰을 따라야 한다. 행복이 성적 순이 아니었듯이 직장은 스펙 순이 아니다.

다음으로 나원래 과장의 말 하나하나가 불필요한 잔소리로 들릴 수 있다. 솔직히 일이 좀 굼뜰 수도 있고, 책상이 어지러울 수도 있는 거 아닌가? 비키니 입고 슬리퍼 끌지 않는 이상 복장은 자유로운 게 좋은 거 아닌가? 좀 그런다고 회사가 망하나? 안타깝지만 망한다. 시간이 지나면 우연희 사원도 대리, 과장, 부장을 거쳐 임원이 된다. 그리고 임원은 전 직원의 생사가 걸린 의사결정을 하는 자리다(그래서 종종 배임죄로 감옥 가는 일도 있다). 신입 때부터 확실히 훈련이 되어 있지 않으면 임원이 되어서도 얼렁뚱땅, 건성건성이 된다. 만일 당신이 지금 모시고 있는 하늘 같은 임원이 실상은 그렇고 그런 한량에 불과하다면 어떤 기분이 드는가?

시쳇말로 싹수가 보이지 않으면 괴롭히기는커녕 관심조차 보이지 않는 차가운 공간이 바로 직장이다. 그렇기에 나 과장의 '지적질'은 훈련용일 가능성이 높다. 그렇다면 우연희 사원은 더더욱 나 과장의 혹독함을 온몸으로 견뎌내야 한다. 무조건 이득이다. 나 과장의 잔소리 하나하나가 보약이 되어 좋고, 설사 그냥 잔소리로 끝날지라도 사이코 선배의 히스테리를 묵묵히 견뎌냈다는 찬란한 평판을 얻을 수 있을 테니까.

인재사관학교의 숨은 의미

업계마다 '인재사관학교'라 불리는 기업이 하나씩은 있게 마련이다. 그 기업 출신들 중에 퇴사하여 성공한 사람이 많으면 자동적으로 붙여지는 닉네임이다. 누구나 알아주는 국내 모 IT업체 고위직이 자신의 예전 직장을 사관학교라 칭하는 걸 보고 의아한 생각이 들었다. 이 말은 칭찬일까 조롱일까? 일단 '사관학교'라는 말이 주는 좋은 이미지 때문에 칭찬으로 통용되는 경우가 많다. 하지만 퇴사 후에 스타가 되는 천재급 인재들이 왜 그 회사에 머물고 있을 때는 재능을 꽃피우지 못했는지 궁금하다. 혹시 '인재사관학교'가 실상은 '천재들의 무덤'은 아닌지 찬찬히 짚어볼 필요가 있다.

Round 13

샐러리맨의
눈물

치팅게임

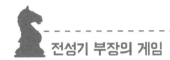

전성기 부장의 게임

묘한 일이다. 그 활달한 전성기 부장이 직원식당에서 혼자 밥을 먹고 있다. 중간중간 창밖을 멍하니 내다보며 한숨까지 짓는다. 미쳤나 보다. 전 부장의 머릿속에는 문득 예전 중고등학생 시절에 읽었던 「벙어리 삼룡이」라는 단편소설이 떠올랐다(정확한 서명은 「벙어리 삼룡」). 오 생원이었지 아마? 일만 열심히 하면 장가를 보내주겠다고 해놓고는 삼룡이를 평생 부려먹기만 했던 사람. 그런데 왜 뜬금없이 그 소설 생각이 나는 걸까.

아침 일찍 서운해 사장에게 보고를 한 건 올렸다. 지난 몇 달간 준비하고 있는 신사업 프로젝트 경과보고다. 지금까지 달달제과의 주력이었던 어린이 과자사업을 넘어 20대 여성을 겨냥한 유기농 다이어트 간식사업을 하자는 게 골자다. 기존 과자 제조설비를 그대로 이용하면 되므로 추가적인 설비투자 부담도 없고, 레시피는 유럽 유기농 업체와 협력하기로 이미 MOU 직전 단계까지 간 상태다. 국내 모 여자대학 재학생들을 대상으로 비공개 포커스 그룹 인터뷰(Focus group interview)까지 했는데, 시장성이 기대 이상으로 클 거라고 판단된다. 돈도 별로 안 들고, 트렌드에도 잘 맞으며, 달달제과의 핵심역량을 활용할 수도 있으니 누가 봐도 기막힌 아이템이다.

다행히 사장도 매우 흡족해 하는 눈치다. 전성기 부장은 내심 이번 간식사업 건을 끝까지 맡아서 제품 론칭까지 하는 모습을 상상해본다. 이건 거의 창업이나 다름없다. 신사업 발굴부터 기획, 실행까지 모두 다 전 부장이 해낸 게 되기 때문이다.

사업 준비는 거의 다 끝났으니까 사장이 오케이 사인만 주면 바로 실행에 옮기면 된다. 전 부장은 신사업이 성공했을 때 회사에서 자신의 입지가 어떻게 변할지를 그려봤다. 상무는 기본이고 잘하면 몇 년 내에 전무 자리까지 바라볼 수 있을 것 같다. 지금까지 고생했던 지긋지긋했던 기억들을 모두 털어버리고, 이제 별을 달고 화려하게 날아오를 일만 남았다.

"역시 전 부장이 최고야. 우리 회사를 다 먹여 살리겠구먼, 허허허." 여기까진 좋았다. 그런데 사장의 다음 멘트가 영 이상하다. "신사업은 이만하면 다른 사람이 맡아도 문제없을 것 같고, 전 부장은 대신 중국 사업을 좀 챙겨줘야겠어. 자네도 알다시피 그쪽 매출이 요즘 바닥이잖아." 허걱, 이게 무슨 귀신 씨나락 까먹는 소리인가. 단독으로 공을 몰고 상대편 골키퍼와 일대일 상황까지 갔는데 갑자기 뒤로 패스를 하라는 게 아니고 뭔가. 게다가 중국어는 '띵호아' 밖에 모르고(중국 사람들이 실제 이런 말을 쓰는지도 확실치 않다), 고등학교 때 외웠던 한자도 이제 다 가물가물한데 갑자기 웬 중국? 혹시 이런 게 바로 죽 쒀서 개 준다고 하는 건가.

그럼 신사업은 누구한테 주려고 이러는 거지? 혹시 이번에 미국에서 MBA 마치고 귀국한다는 첫째 아들에게 맡겨 홈런을 치게 하려는 걸까? 이런 제길. 안타든 홈런이든 제 실력으로 쳐야지 이건 뭐 다 만들어놓은 홈런에다가 타자 얼굴만 오려 붙이겠다는 심보 아닌가. 아, 이게 바로 월급쟁이의 예정된 숙명이구나. 이제 머나먼 중국으로 귀양 가서 토사구팽 당할 일만 남은 건가. 오 생원에게 속아 죽도록 착취만 당했던 벙어리 삼룡이의 심정이 바로 이랬을까.

속느냐 속이느냐, 직장인의 딜레마

트루먼 버뱅크(짐 캐리)는 작고 조용한 섬마을에 사는 평범한 샐러리맨이다. 모두가 부러워하는 안정적인 보험회사에 다니고 있고, '완벽히' 하얀 치아를 드러내며 '완벽하게' 미소 짓는 아름다운 여인과 결혼도 했다. (왠지 수상스럽다. 그토록 완벽한 여인은 이 세상에 '거의' 존재하지 않는다.) 트루먼 주변의 모든 사람들은 그를 사랑하고 있으며 (적어도 그가 아는 한은 그렇다), 트루먼 자신도 환한 태양이 내리쬐는 고향 마을을 유토피아로 여기며 진심으로 삶에 만족해하고 있다. 여기까지가 영화 〈트루먼 쇼(The Truman Show)〉의 도입부이다. 완벽할 정도로 평화롭고 조용한 마을에 과연 영화 소재가 될 만한 게 뭐가 있을까 싶다.

어느 날 트루먼은 오래전에 사망했다고 들었던 자신의 아버지와 우연히 길에서 마주친다! 너무도 놀랍고 당황한 그 순간, 어디선가 나타난 정체불명의 괴한이 말 한마디 붙일 틈도 없이 아버지를 끌고가 버린다. 그때부터 트루먼은 자신의 '완벽한' 삶에 대해 심각한 의문을 품게 된다. 아버지 일도 그렇거니와 가만 생각해보니 이상한 구석이 한두 군데가 아니다.

아무리 힘든 상황에서도 절대로 낙담하거나 화를 내지 않는 아내가 특히 수상하다. 그녀는 때때로 트루먼의 시선을 피해가며 집안의 생활용품에 대해 누군가에게 소개하듯이 대사를 읊조리기도 한다. 주변 인물들도 마치 각본에 의한 듯이 기계적이고 일정한 주기로 자신의 주변을 서성거리는 것 같다.

그렇다. 사실 트루먼은 전 세계에 24시간 생중계되는 리얼리티 쇼, '트루먼쇼'의 주인공이었던 것이다. 고아 출신인 트루먼은 역사상 최초로 방송국에 입양되었고, 그의 성장 과정과 일거수일투족을 전 세계 TV 시청자들이 생방송으로 지켜보는 중이다. 사랑스러운 아내를 포함해 주변 인물들 모두 방송국에 고용된 배우들이고, 그가 태어나서 자란 고향 마을 또한 방송국 스튜디오의 거대한 세트장에 불과했던 것이다.

트루먼쇼를 관통하고 있는 기본 뼈대는 한마디로 치팅(Cheating, 속임수)이다. 늑대가 나타났다고 노래를 불렀던 이솝 우화의 양치기 소년에서부터 전 세계 방송사들의 고정 메뉴가 된 각종 몰래 카메라 프로그램에 이르기까지 상대방을 속이고 즐거워하는 것은 어쩌면 인간의 본성일지도 모른다. 하지만 웃자고 시작한 일에 죽자고 덤벼들면 급기야 윤리의 경계를 넘게 된다. 전 세계 시청자들이 공범이 되어 트루먼을 갖고 놀듯이 말이다. 그런 의미에서 영화 〈트루먼쇼〉

에는 세간의 관음증과 쾌락 지상주의에 대한 신랄한 비판이 녹아있다고 하겠다.

윤리 문제를 덮어놓고 보면, 치팅은 실제 비즈니스 현장에서 매우 유용한 전략 도구로 활용되는 것을 알 수 있다. 경쟁입찰에서라면 처음에는 낮게 부를 것처럼 엄살을 떨다가 마지막 순간에 경쟁자보다 약간 더 높게 써내는 것이 최선이다. M&A에서도 인수 가격에 대해 온갖 루머를 만들어 퍼뜨리고 연막을 피우는 것이 필요하다. 신제품 사양과 디자인은 마지막 순간까지 비밀에 부쳐야 하고 출시 가격도 경쟁자가 예측하지 못하는 수준에서 결정되는 것이 일반적이다. 좀 치사하게 보여도 어쩌겠는가? 속고 속이는 것이 경쟁이고 비즈니스 게임인 것을.

그런데 기업 내부에서라면 어떨까? 직원들과 경영진 간에도 끊임없이 치팅게임이 전개된다. 우선 직원의 치팅. 이건 사실 그다지 문제될 게 없다. 입사 면접에서는 능력과 성실성을 과장하고, 입사 후에는 이 핑계 저 핑계로 놀고먹을 궁리만 하는 직원이 분명 있다. 상사의 눈을 피해 땡땡이를 치는가 하면 급기야 동료의 업적을 자기 것인 양 빼돌리기까지 한다. 어느 조직에서는 이들은 분명 얄밉고 꼴보기 싫은 존재이며 조직의 물을 흐려놓을 게 분명하다. 하지만 어디에나 얌체는 있기 마련. 시간이 지나면 철이 드는 경우도 있고, 그렇지 못하다면 인사고과로 다루면 그만이다. 혹여 회사에 금전적 손실을 끼치거나 경쟁업체를 이롭게 하는 행위로 발전한다면 그건 법으로 처리하면 된다.

문제는 경영진의 치팅이다. 물론 지금과 같은 윤리경영의 시대에 예전처럼 노골적으로 직원들을 속여먹거나 주주를 기만하는 악덕 경영자는 찾아보기 힘들게 되었다. 하지만 여전히 많은 경영자는 치팅을 한다. 특히 본래 의도와 관계없이 직원들로 하여금 속았다고 느끼게 만드는 경우가 있다. 두 가지 예를 보자.

경영진의 치팅이 배신자를 키운다

우선 긴장조성형 치팅이다. 매해 신년 초가 되면 (창사 이래 최대의) 위기를 부르짖으며 직원들의 분발을 요구하는 경영자가 많다. 위기가 아닌 해가 없을 정도다. 직원들은 긴장하면서 경영진의 위기 호소를 믿을 수밖에. 그런데 거기에 더해 또 하나 믿는 게 있다. 위기가 끝나면 뭔가 좋은 일이 생길 것이라는 기대 말이다. 하지만 다음 해에도 역시 똑같은 위기 구호와 희생 요구가 거듭되면 믿음은 서서히 소멸된다. 남는 것은 경영진에 대한 실망과 불신, 그리고 위기불감증이다. 대기업이나 공공기관에서 종종 보이는 복지부동(伏地不動)은 머슴근성의 발현이라기보다 경영진의 위기남발이 낳은 부작용인지도 모른다.

다음으로 비전강요형 치팅. 경영자들은 직원을 독려하기 위해 각종 비전과 미션에 기댄다. 우리나라 회사들의 홈페이지에 올라온 비전과 미션 선언문을 보면 그 비장함과 결연함에 현기증이 날 지경이다. 그런데 인류의 행복을 위해, 혹은 아름다운 지구를 만들기 위해 일하자는 데 동의할 사람이 몇 명이나 될까. 전쟁영화를 봐도 병사들은 평화를 위해, 이데올로기를 위해 돌격하는 것이 아니다. 부모형제와 처자식을 지키기 위해, 혹은 먼저 간 전우의 복수를 위해 목숨을 걸 뿐이다. 공허한 구호는 공허한 행동을 낳을 수밖에 없다.

회사가 성장하고 혁신하려면 직원들의 노력이 필수적이다. 이때 그 과실이 언젠가 손에 쥐어질 것이라는 믿음이 있어야 진정한 참여와 헌신이 나온다. 과거 직장에서는 직원과 경영진이 일종의 장기(Long-run) 게임을 했다. 어차피 몸 바칠 직장이므로 한두 번 속고 속이는 것은 길게 보아 크게 문제되지 않았다. 관행이고 게임의 법칙이었으니까. 그러나 이제 직장에 대한 개념 자체가 변한 마당에 경영진의 동기부여 전략도 변해야 한다. 위기다 미션이다 하면서 한물 간 레퍼토리만 읊조리는 것은 (의도에 관계없이) 경영진의 치팅에 다름 아니다. 그때 직원들은 속절없이 판을 접고(몸이 떠나는 것보다 마음이 떠나는 것이 더 무섭다), 주주는 미련 없이 매도주문을 낸다.

차가운 정보와 뜨거운 이유

서운해 사장은 큰 실수하는 거다. 같은 말도 듣기에 따라 칭찬의 언어가 되기도 하고, 배신의 언어가 되기도 한다. 의도에 관계없이 말이다. 서 사장의 말 한마디로 인해 그동안 열심히 일해왔던 전성기 부장은 이제 회사의 불만세력이 되거나 월급만 축내는 좀비가 될 공산이 커졌다. 부하의 진정한 충성을 얻기는 어렵지만, 잃기는 이처럼 쉽다.

사실 서운해 사장이 어떤 의도로 그런 지시를 내렸는지는 중요하지 않다. 그건 사장의 고유 권한이다. 서 사장의 잘못은 부하 직원이 상사의 의도를 의심하게 만들었다는 거다. 상사든 부하든 서로의 입장 뻔히 다 안다. 터놓고 얘기하면 못 알아들을 나이도 아니다. 그런데도 배경에 대한 납득할 설명 없이 일방적 지시만 내리게 되면 부하는 말 못할 꿍꿍이가 있다고 받아들이게 된다.

커뮤니케이션은 차가운 정보와 더불어 뜨거운 이유가 같이 가줘야 한다. "그동안 수고해줘서 고맙다. 그런데 이건 우리 2세 줘야 하니까, 너는 다른 일을 맡아다오. 네 공로는 절대 잊지 않으마." 만약 이런 말을 들었더라면 전 부장의 머릿속에는 주군을 위해 불구덩이도 마다 않는 관우나 장비가 떠올랐을 게다. "그동안 신사업에 대해 애정도 많았고 마무리하고 싶은 마음 다 안다. 하지만 중국이 더 큰 문제다. 우리 회사 에이스인 네가 좀 도와줬으면 좋겠다." 이 말이 채 끝나기도 전에 전 부장은 이미 중국행 비행기에 올라타 있을 것이다. 직원을 '벙어리 삼룡이'로 만드는 상사는 리더가 아니다. 오 생원이다.

다시 영화 이야기. 마침내 자신을 둘러싼 세상이 허상임을 깨달은 트루먼은 안락하지만 거짓된 삶을 버리고 스튜디오 밖 진짜 세상을 향해 망설임 없이 떠난다. 트루먼에게는 '신'과 같은 존재인 방송국 PD(애드 해리스)는 스튜디오에 인공 폭풍우를 일으키면서까지 트루먼

직장은 게임이다
138

의 탈출을 방해하지만 참된 삶을 향한 트루먼의 의지를 꺾지는 못한다. 급기야 '바깥세상이라고 해서 더 많은 진실이 존재하는 것은 아니며, 똑같은 거짓말과 속임수뿐'이라고 만류해보지만 그것도 허사. 트루먼은 거대한 스튜디오의 숨겨진 문을 찾아내고는 마지막으로 자신이 속했던 거짓 세상에 눈길을 준다. 이때 던지는 트루먼의 마지막 대사가 인상적이다. "이제 다시 보지 못할 테니까 한꺼번에 굿모닝, 굿애프터눈, 굿이브닝." 언제부턴가 주위의 시선에 갇혀 판에 박힌 삶을 살아가는 이 땅의 직장인들에게 던지는 격려 혹은 질책으로 들린다.

사장은 말단 직원보다 얼마나 더 받아야 하나?

말단 사원에서 시작해서 대리, 과장, 차장, 부장, 상무, 전무, 부사장을 거치면 드디어 사장이다(회사마다 단계가 더 세분화되기도 한다). 한 단계 올라갈 때마다 연봉이 오른다. 그 맛에 회사 다닌다. 여기서 사지선다형 퀴즈 하나. 사장과 말단 직원의 임금 차이는 어느 정도가 적당할까? ①10배 ②50배 ③100배 ④200배. 정답은 없고 각자 생각하기 나름이다. 또 국가별로, 회사별로 제각각이다. 2014년 실태를 보면 미국은 평균 370배(S&P 500대 기업 기준)였고, 한국은 36배였다(시총 상위 30대 기업 기준). 그런데 우리나라 국민들은 12배 정도가 적당하다고 생각하는 것으로 나타났다(서울대 행정대학원 2013년 서베이 기준).

사실 회사에서 사장을 비롯한 임원들에게 얼마를 줄지는 회사 마음이다(물론 상장기업은 주주들의 동의를 얻어야 한다). 하지만 경영진의 역량과 업적에 비해 지나치게 임금 차이가 크다면 직원들은 뭔가 속았다는 기분이 들 수밖에 없다. 더욱이 혈연, 학연, 지연, 유리천장 등 온갖 장벽들이 말단 직원에서 임원으로 되는 길을 막고 있다면 더욱 그렇다.

틈만 나면
딴짓을

주인-
대리인 문제

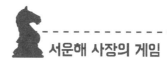

서운해 사장의 게임

식사를 마치고 1층 엘리베이터에 올라탄 서운해 사장은 버튼을 누르려다 잠깐 망설였다. 사장실은 건물 제일 꼭대기인 14층인데, 그의 손은 12라는 숫자 앞에서 갈팡질팡했다. 12층은 사장 직속의 전략기획팀이 있는 곳이다.

며칠 전, 고생하는 직원들 격려차 점심시간이 지나 한 시 반쯤 12층에 잠시 들렀다. 그런데 그만 못 볼 걸 보고 말았다. 신문 보는 녀석, 인터넷 서핑하는 녀석, 또 몇몇은 삼삼오오 모여 잡담을 하고 있는 게 아닌가. 군데군데 빈자리도 눈에 들어왔다. 점심시간이 끝난 게 언젠데 이렇게 허송세월하고 있다니……. 사장 직속팀이 이 모양이면 나머지 팀들은 도대체 어떤 지경일지 눈앞이 아득해졌다.

'세상을 기분대로만 살 수 있다면 솔직히 확…… 싹…… 다…… 잘라버리고 싶다. 지금까지 지네들 챙겨주느라 얼마나 신경을 썼는데 이렇게 농땡이를 부리다니…….' 월급만 해도 국내 최고 수준은 아니더라도 최소한 경쟁사보다는 단 얼마라도 많이 줬고, 매년 서너 명씩 선발해서 해외여행, 그것도 부부동반으로 보내주지 않았던가. 어디 그뿐인가. 지네들 생일에는 손글씨로 생일카드까지 써서 제일 비싼 케이크에 끼워 보내주기까지 했는데.

다 부질없다는 생각이 든다. '요즘 애들은 왜 주인의식이 없을까. 왜 회사 일을 자기 일처럼 생각하지 않는 걸까? 요즘 같은 살얼음판에 회사가 비틀거리기라도 하면 제일 먼저 자기들 밥줄 끊어지는 걸 왜 모를까?' 서 사장은 혼자서만 아등바등하는 것 같아 마음 한구석이 쓰려왔다. 스멀스멀 배신감이 밀려왔고, 허탈감에 다리에 힘이 쭉 빠져버리는 것 같았다. 요즘 무릎도 아프고 그러는데 확 다 청산해버리고 어디 경치 좋은 데 가서 채소나 키우며 살까.

서 사장은 여전히 1층 엘리베이터 안에서 망설이고 있다. 12층에 갔는데 여전히 농땡이 천국이라면 어쩌지? 확 소리를 지르고 다 잘라버릴까? 아니지, 그건 너무 심해. 솔직히 젊었을 때는 누구나 다 놀고 싶고 그렇지 뭐. 그래도 한번 발동 걸려서 일 시작하면 정신없이 매달리는 착한 애들이잖아. 아직 어려서 그렇지 철들면 또 달라질 거야. 어쩌겠어, 미우나 고우나 다 내가 챙겨 먹여야 할 식구들인데…….

이 생각 저 생각에 머리가 복잡해진 서 사장은 결국 아무 버튼도 누르지 못하고, 슬며시 엘리베이터를 걸어 나왔다. 그러고는 빌딩 밖으로 나와서 건너편 상가 쪽을 두리번거린다. 아, 찾았다. 서 사장의 눈이 꽂힌 곳은 새로 생긴 아이스크림 가게다. 큰 통에 담긴 아이스크림을 손가락으로 가리키면 알바 종업원이 주걱 비슷한 걸로 퍼주는데다 가만있어 보자, 요즘 애들도 당연히 아이스크림 좋아하겠지? 그런데 TV 광고에서 보니까 종류가 굉장히 많던데 뭘 사야 하나. 무슨 베리베리 어쩌구 하는 게 맛있어 보이던데…….

현대사회를 관통하는 주인-대리인 문제

영국이 인도와도 바꾸지 않겠다고 했던 국보급 시인이자 극작가 윌리엄 셰익스피어. 만일 그가 실존 인물이 아니라 누군가에 의해 날조된 가상의 인물이라면? 영화 〈위대한 비밀(Anonymous)〉은 이렇게 엉뚱하면서도 솔깃한 음모론에서 출발한다(Anonymous: '익명, 작자 미상'을 의미).

때는 16세기 중반. 영국의 옥스포드 백작 에드워드 드 비어(리스 이판)는 어려서부터 문학을 사랑하고 글쓰기를 즐겼지만 당시 사회 분위기상 귀족이 글(희곡)을 쓴다는 것은 용납되지 않았다. 특히 왕실과 상류층의 가식과 허영을 조롱하는 작품은 더 말해 무엇하랴. 하지만 자신의 작품을 반드시 무대에 올리고 싶었던 그는 기상천외한 타협책을 찾는다. 바로 대타를 세우는 것이다.

우여곡절 끝에 윌리엄 셰익스피어(라프스펠)라는 괴상한 이름의 속물 연극배우가 그의 대타가 되어 작가 행세를 시작한다. 〈헨리 5세〉에 이어 〈로미오와 줄리엣〉〈십이야〉〈줄리어스 시저〉〈맥베스〉〈햄릿〉 등이 연달아 히트하면서 관객들은 열광한다. 졸지에 삼류배우에서 최고의 극작가 대접을 받게 된 셰익스피어. 그는 거기에 만족하지 않고 에드워드 백작을 찾아가 비밀을 폭로하겠다며 돈을 뜯어내려 한다. 이상과 현실의 간극에서 늘 우수에 찬 표정의 에드워드 백작, 그는 과연 어떤 선택을 할까?

게임이론적 시각에서 볼 때 이 영화를 관통하는 핵심 주제는 주인-대리인 문제(Principal-Agent Problem)이다(주인은 에드워드 백작, 대리인은 셰익스피어). 무인도에 혼자 살지 않는 이상 우리는 갖가지 주인-대리인 관계에 속해 있다. 국민-국회의원, 대통령-공무원, 주주-경영자, 의뢰인-변호사, 지주-소작농의 관계가 모두 그렇다. 그런데 겉으로는 아닌 척해도 주인과 대리인은 팽팽한 긴장관계에 놓인다. 주인은 최대한 일을 시키려 하고, 대리인은 최대한 대가를 받아내려고 하기 때문이다.

주인은 대리인이 농땡이를 치지 못하도록 옆에 붙어 서서 잔소리를 하고 싶지만 일일이 감시하고 통제하는 것은 시간적으로나 물리적으로 한계가 있다(그러느니 아예 주인이 직접 일을 하는 게 낫겠다). 더 골치 아픈 것은 정보의 비대칭성(非對稱性)에서 비롯된다. 대리인은 직접 일을 하면서 얻게 된 자신만 아는 정보를 가지고 주인을 속이기까지 한다.

국민의 뜻은 아랑곳하지 않는 정치권, 임명권자가 호통을 쳐도 받아 적기만 하는 공무원 집단, 경영자는 피가 마르는데 퇴근 시간만 바라보는 직원. 그로부터 비롯되는 낭비와 폐해는 국가, 사회, 기업을 병들게 한다. "일을 맡겼으면 의심하지 말고, 의심이 들면 맡기지 말라"고 했다고, 주인이 최적의 대리인을 잘 선택하고 그 후에는 철석같이 믿을 수 있다면 얼마나 좋겠는가. 허나 다소간 정도의 차이는 있을지언정 주인과 대리인의 갈등은 어쩔 도리가 없다. 따라서 주인-대리인 문제를 예외가 아니라 당연한 일반 현상으로 받아들이고 거기에 맞는 대비책을 찾아야 한다.

주인-대리인 문제와 관련하여 자본주의 경제체제에서 눈에 띄는 이슈는 기업의 진정한 주인이 과연 누구인가에 대한 논의이다. 사전적인 의미로만 본다면 주주(株主, shareholder)가 당연히 기업의 주인이다. 하지만 GE의 잭 웰치 전 회장도 인정했듯이 주주는 언제라도 주식을 내다 팔고 '먹튀'할 수 있다. 주인이라고 하기에는 비정함이 지나치다. 그럼 임직원이 주인일까? 듣기에는 나쁘지 않지만 이 역시 뭔가 억지스럽다. 월급을 받는 입장이기 때문이다.

자본주의가 존속하는 한 기업의 중요성은 더욱 커질 수밖에 없다. 기업의 주인을 누구로 볼 것이냐의 문제는 급변하는 경제사회 환경 하에서 기업의 존재 이유를 설명하고 바람직한 역할 범위를 결정하는 데 있어 중요한 출발점이다.

감시, 경쟁, 유인 중 제일 좋은 방법은?

주인-대리인 문제를 해결하기 위해 직관적으로 가장 먼저 떠오르는 대안은 대리인을 철저하게 감시하는 것이다. 꼭 의심해서라기보다는 대리인을 긴장시키고 나태해짐을 경계한다는 측면에서 엄격한 감시제도는 필요악(必要惡)으로서의 효용이 있다. 하지만 뛰는 놈 위에 나는 놈, 나는 놈 위에 노는 놈 있다고 주인이 아무리 이중 삼중으로 감시해도 대리인은 기어코 빠져나갈 구멍을 찾아낸다. 어쩔 수 없는 감시의 한계다. 그렇다면 싱가포르 리콴유 총리처럼 대리인이

딴 마음을 품지 않을 정도로 충분한 보상을 하는 것은 어떨까? 당장은 효과가 있겠지만 그리 오래가지는 못할 성싶다. 기마욕솔노(騎馬欲率奴), 말 타면 노비 거느리고 싶듯이 인간의 욕심은 끝이 없기 때문이다.

게임이론에서 제안하는 주인-대리인 문제의 해법은 두 가지가 있다. 이 방법들은 실제 현실에서 작동 가능하고 효과도 크다는 점에서 매력적이다.

첫째 복수(複數)의 대리인을 두고 경쟁시키는 방법이다. 대리인 입장에서야 피곤하겠지만 주인이 원하는 성과를 내는 데 이만큼 좋은 방법이 없다(물론 담합의 가능성을 배제할 수는 없다). 공공부문의 민영화를 주장하는 이유도 바로 정부 독점에 따른 주인-대리인 문제를 경쟁을 통해 해소할 수 있기 때문이다.

둘째 대리인의 행동이 주인의 이득과 자연스럽게 연결되게끔 하는 유인계약(Incentive contract)을 마련하는 것이다. 대부분 기업이 직원 급여를 기본급과 성과급으로 나누어서 주는데, 실적에 비례해서 주는 성과급이 바로 유인계약이다. 성과급 제도하에서 직원은 주인이 보든 말든 자발적으로 열심히 일할 유인을 갖는다. 스톡옵션 제도도 마찬가지인데 경영진은 회사의 주가를 높여 주인을 기쁘게 하는 것 못지않게 자신이 보유한 스톡옵션을 나중에 비싸게 팔기 위해서 회사 경영에 전력투구하게 된다.

직장에서 당신은 주인일 수도, 대리인일 수도 있다

주인-대리인 문제는 사장과 직원 사이에만 있는 게 아니다. 팀장과 팀원, 조장과 조원, 선배와 후배 사이 등 어디에나 있다. 어떤 때는 내가 주인 역할을 맡기도 하고, 또 어떤 때는 대리인이 되기도 한다. 결국 직장은 주인-대리인 관계가 다층적으로 얽힌 집합체이다.

주인은 대리인이 100퍼센트 마음에 들게 행동해주길 바라지만 꿈도 꾸지 마시라. 대리인은 원래 틈만 나면 땡땡이 치고, 기회만 닿으면 삥땅친다. 견물생심(見物生心)이 괜히 나온 말이 아니다. 당신도 대리인 역할일 때는 그러지 않았는가. 주인 입장에서 가장 중요한 것은 대리인의 행동에 감정적으로 반응해서는 안 된다는 점이다. 주인-대리인 관계의 속성을 제대로 이해하고 차분하게 접근해야 한다.

직장 내 주인-대리인 문제를 해결하기 위해 앞서 언급한 세 가지 방법을 짚어보자. 우선 대리인을 감시하는 방법은 매번 감시한다는 게 물리적으로 어렵고 수고스럽다는 문제가 있다. 또 자칫 잘못되면 정서적 반발을 부를 수 있다. 대리인끼리 경쟁을 붙이는 것도 좋은 방법인데 회사의 제한된 인력자원이 동일 업무에 중복 투입된다는 문제가 있다. 따라서 대리인의 행동을 최대한 주인의 의도대로 움직이게 하는 세 번째 방법, 즉 인센티브를 주는 게 최선이다.

서운해 사장이 애써 서운한 마음을 누르고 대리인들을 위해 아이스크림을 사기로 한 것은 일종의 정서적 인센티브 전략이다. '사장이 우리에게 이만큼 신경을 쓰는데 충성은 못할망정 땡땡이는 치지 말아야지' 하는 심리와 궁극에는 행동을 유도할 수 있다. 역시 사장답다. 한 가지 주의할 점은 퍼주기식 인센티브는 효과가 없다는 거다. 인센티브는 상대적이다. 잘한 사람에게는 당연히 당근을 줘야 하지만, 못한 사람에게는 반드시 채찍이 가야 한다. 제갈량이 1800년 전에 사랑하는 부하 마속의 목을 친 이유도 역시 그러하다.

자, 다시 영화로 돌아가자. 에드워드 백작은 세속의 명성보다는 문학의 고귀함을 선택하고, 셰익스피어에게 돈을 갈취당하면서도 자신의 정체는 베일 속에 묻는다. 덕분에 저자의 진위 여부를 떠나 그의 작품이 지금까지 온전히 남을 수 있었다. 셰익스피어는 어떻게 되었느냐고? 완전 용(龍) 되었다. 자신의 전용극장까지 지어가면서 성공한 극작가의 삶을 이어간다. 그 역시 비밀을 폭로할 이유가 없으므로 대리인으로서 자신의 역할을 충실히 수행해낸다. 주인인 에드워드 백작이 돈과 명예라는 유인책을 확실히 보장해준 결과이다.

셰익스피어, 그의 진짜 이름은?

오래전부터 셰익스피어라는 인물의 진실성 여부가 역사적 논란거리였다. 의문점이 한두 가지가 아니다. 잉글랜드의 시골 촌구석(스트랫포드–어폰–애본)에서 태어나 초등학교 수준의 교육밖에 받지 못했던 그가 어떻게 그토록 아름다운 문장을 구사할 수 있었을까? 그는 왜 자신의 인생에 관한 어떤 기록도 남기지 않았고, 주변 사람들의 증언도 허점투성이일까? 그의 초상화 60여 점의 얼굴은 왜 다 제각각일까?

의문은 여전히 진행형이다. 2008년 영국의 《이코노미스트》는 9 · 11 테러 자작설, 아폴로 달 착륙 조작설, 다이애나 황태자비 암살설 등과 함께 셰익스피어 가공인물설을 세계 10대 음모론 중 하나로 꼽았다.

회사 것은
나의 것

공유지의
비극

유난희 상무의 게임

유난희 상무는 중고등학교 윤리 교과서에 소개되어야 할 사람이다. 마치 '본받아야 할 여성상'을 인생의 목표로 삼고 차근차근 스펙을 쌓아온 사람 같다. 지긋지긋한 가난, 눈물 나는 여공생활, 주경야독으로 검정고시 패스, 그리고 악바리 정신으로 사내 판매여왕 등극. 거기다 야간대학을 4년간 장학금을 받으며 졸업하기까지 했다. 그녀의 인생 역정은 지금 당장, 아무 각색 없이, 휴먼 다큐에 내보내도 될 정도다. 오히려 너무 비현실적이어서 시청자들이 거부감을 느낄지 모르겠다.

인생의 쓰디쓴 고통과 수모를 처절하게 겪어온 그녀는 부하 직원 모두에게 고모, 이모, 누나, 언니다. 직원들이 어떠한 실수를 해도 절대 얼굴을 붉히지 않는다. 오히려 실수를 덮어주고 위로해주기까지 한다. 급기야 회사 용역 직원이나 청소 아줌마들에게도 말 한마디, 행동 하나하나에 정성을 다한다. 천사가 따로 없다. 그러니 회사 경비원들이 사장이나 전무보다 유난희 상무에게 더 깍듯할밖에.

망한 회사의 공통점은 회사의 공유자원을 너도나도 흥청망청 써버렸다는 데 있다.
요즘은 멀쩡했던 회사도 한 방에 훅 가는 시대다.

하지만 천사도 가끔 꼭지가 돈다. 유난희 상무에게 절대 걸려서는 안 되는 한 가지가 있다. 낭비다. 특히 회사 공공재산 낭비. 언젠가 신입 여직원 한 명이 세면대 물을 틀어놓은 채 양치질을 하다가 그녀에게 걸려 경을 친 적이 있다. 결국 그 여직원은 앞으로 살아가는 동안 양치질을 안 하면 안 했지 절대 수돗물을 틀어놓고 하지는 않을 것을 눈물을 글썽이며 맹세해야 했단다. 얼마 전에는 복사기 옆 휴지통에 이면지가 뭉치째 버려진 것을 발견하고는 CSI(과학수사대) 버금가는 수사력을 발휘해서 기어이 범인을 체포해 박살낸 적도 있다. 퇴근할 때 소등을 안 한다든지, 모니터 전원을 켜둔 채 자리를 비운다든지 하는 짓도 용서받지 못할 범죄다. 몇 해 전, 회사 워크숍에서는 뒤풀이 때 남은 쥐포니 과자니 하는 것들을 모조리 긁어가지고 와서 두고두고 직원들에게 먹였다는 믿지 못할 얘기까지 들린다.

사실 유난희 상무의 이런 행동은 유별나다기보다는 그녀 자신도 어쩌지 못하는 본능에 가깝다. 그녀에게 달달제과는 그냥 회사가 아니다. 과거의 칙칙했던 허물을 벗고 아름다운 비상을 가능하게 해준 요람이자 보금자리다. 그런 까닭에 회사의 볼펜 한 자루, 종이 한 장도 그냥 버려지는 걸 보면 참을 수 없는 거다. 하지만 그녀가 아끼는 부하 직원들 생각은 다르다. 반만년 역사를 통틀어 처음으로 맞이한 물질적 풍요가 DNA에 각인된 세대이다. 한 번도 수돗물이 끊긴다거나 정전이 되는 걸 경험하지 못한 그들에게 유난희 상무의 행동은 히스테리거나 강박관념으로 비춰질 수밖에 없다.

정의롭고 궁상맞은 유난희 상무, 세련되고 헤픈 요즘 직원들. 양쪽의 대결은 쉽게 끝날 것 같지가 않다. 한 가지 확실한 거는 직장생활 내내 이면지만 쓰거나 눅눅한 안주거리를 먹고 싶지 않다면 그녀를 조심해야 한다는 거다.

무분별한 탐욕과 공유자원의 고갈

블록버스터 대작 〈아바타(Avatar)〉. 가까운 미래, 자원 고갈로 어려움에 처한 인류는 대체자원을 찾아 머나먼 행성 판도라에 진출한다. 판도라에는 '언옵타늄'이라는 이름의 대체자원이 풍부하게 매장되어 있다. 언옵타늄의 가격은 킬로그램당 무려 2,000만 달러! 대박이다. 그런데 걸림돌이 하나 있다. 판도라의 독성을 띤 대기로 인해 인간이 직접 채굴 작업을 하는 것은 불가능하다. 궁여지책으로 인류는 판도라의 토착민인 나비족을 카피한다. 나비족의 외형에 인간의 의식을 주입하여 원격조종이 가능한 하이브리드 생명체, 이름하여 아바타를 탄생시킨 것[아바타는 지상에 강림한 신의 화신을 의미하는 산스크리트어 '아바따라(Avataara)'에서 유래한 말].

키가 3미터가 넘고 파란 피부에 뾰족한 귀, 긴 꼬리를 지닌 나비족은 자연의 섭리에 순응하며 살아가는 순박한 종족이다(아메리카 인디언을 떠올리면 딱이다). 이들은 판도라의 아름다운 자연이 인간에 의해 훼손되는 것을 원치 않는다. 이들을 회유하기 위해 인류는 전직 해병대원 제이크(샘 워딩튼)에게 나비족의 무리에 침투하라는 임무를 맡긴다. 하지만 제이크는 나비족의 여전사 네이티리(조 샐다나)를 만나 사랑에 빠지고 자연의 소중함을 깨달으며 점차 나비족과 하나가 된다. 자원을 약탈하려는 인간과 이를 지키려는 나비족, 그리고 그 중간에 선 제이크. 과연 이들의 운명은 어떻게 전개될까?

영화 〈아바타〉의 기저에 깔린 핵심 메시지는 판도라의 자원을 둘러싼 '공유지의 비극(Tragedy of the commons)'이다. 이 말은 1968년 미국의 생물학자 가렛 하딘(Garrett Hardin)이 《사이언스》에 발표한 논문 제목에서 유래했다. 내용인즉슨 인간은 이기적이기 때문에 주인 없는 공유자원을 마구잡이로 남용하고 그러면 결국 모두가 피해를 보게 된다는 얘기다. 실제로도 그렇지 않은가. 어쩌면 인류의 역사는 자연에 대한 인간의 파괴와 수탈의 잔혹사인지도 모른다.

수세기 동안 세계 3대 어장의 하나로 꼽혔던 캐나다 그랜드 뱅크 지역에서는 더 이상 대구(大口, Cod)가 잡히지 않는다. 1960~70년대부터 시작된 남획으로 씨가 말랐기 때문이다. 대서양과 지중해의 참다랑어도 비슷한 운명이다. 1960년대에 보호협약이 맺어졌지만 돈에 눈먼 업자들의 남획은 계속되었고, 이미 흑해와 카스피 해에서는 멸종된 것으로 보인다. 북미의 나그네 비둘기도 그렇다. 1800년대 중반부터 도시 개발로 서식지가 파괴되고 식용으로 남획되면서 개체수가 급감했다. 1890년 무렵 뒤늦게 사냥이 금지되었지만 이미 늦은 후였다. 1914년에 동물원 우리 속에서 살던 마지막 나그네 비둘기가 죽으면서 지구상에서 완전히 자취를 감추게 된다.

공유지의 비극은 동물의 멸종뿐만 아니라 지구 오존층 파괴, 바다 쓰레기 증가, 지하수 고갈, 열대우림 파괴 등 도처에 널려 있다. 이를 막기 위해 각국 정부와 국제기구가 앞장서서 이용을 금지하거나 허가를 제한하고 있지만 인간의 탐욕 앞에서는 역부족이다. 이용자들끼리 자발적으로 이용 제한 협약을 맺는 경우도 있지만 항상 약속을 어기는 자들이 있어 그 효과도 제한적이다(좀 더 적나라한 사례가 궁금한 독자는 지금 유튜브에 'Japanese Whaling'을 쳐보기 바란다. 전 세계인의 거센 비난 속에서도 여전히 횡행하는 일본의 불법 고래잡이 현장을 생생히 볼 수 있다. 임산부와 노약자는 시청을 자제하시라).

재산권 설정으로 공유지의 비극 억제 가능

다행히 게임이론은 공유지의 비극을 해결하는 매우 효과적인 방법을 제안한다. 공유자원에 재산권(財産權)을 부여하면 된다. 모든 경제주체의 행동 동기는 이익 극대화이기 때문에 굳이 공유자원을 아낄 이유가 없다. 오히려 남들보다 내가 먼저 최대한 이용하는 것이 맞다. 하지만 공유자원이 더 이상 공유(共有)가 아니고 내 소유(所有)라면? 그때는 얘기가 달라진다. 최대한 이용이 아니라 최대한 절약이 답이 된다.

회사의 자금도 일종의 사내 공유자원이다. 최대한 아끼고 또 최대한 쌓아가야 한다. 하지만 어디 그런가? 늘릴 궁리는커녕 흥청망청 써버리는 경우가 다반사다. 직원들의 주인의식 결여와 윤리의식 부재를 탓해봤자 소용없다. 내 것이 아닌 이상 굳이 아낄 이유가 없는 게 오히려 당연하다. 이때도 재산권 마련이 정답이다.

만일 부서별 경비 중 절약분만큼을 해당 부서에 연말 보너스로 지급한다고 해보자. 당장 이면지 모으고, 불 켜진 전등은 기를 쓰고 소등하고, 회식 빈도도 줄이겠다며 한바탕 난리가 날 게 뻔하다. 마찬가지로 부서별 영업이익에 부분적으로나마 소유권(독립채산제)을 인정한다고 해보자. 시키는 사람 없어도 새벽에 출근하고, 점심은 햄버거로 때우며, 밥 먹듯 야근할 게 분명하다. 공유지의 비극에 답답해하는 이 땅의 CEO들께서는 꼭 참고하시라.

회사에는 또 다른 형태의 공유지의 비극도 있다. 흔히 '20대80의 법칙'이라 불리는 파레토 법칙에 따르면 일반적으로 회사에는 일하는 20퍼센트와 빈둥거리는 80퍼센트가 공존한다. 당연히 일의 배분이 쏠리게 되고 20퍼센트는 혹사당한다. "어 제법이네. 그럼 이것도 좀 해봐" 식이다. 결국 사내 우수인력이라는 귀중한 공유자원을 남획하는 꼴이 되고 만다.

전에는 혹사에 따른 보상이 확실했다. 평생직장, 연공서열 등의 형태로 그 나름의 인센티브 메커니즘이 작동했다. 하지만 지금은 상황이 다르다. 여차하면 회사도 쓰러지는 판에 어느 회사가 과연 직원의 10년, 20년 후를 보장할 수 있겠는가. 더 이상 마냥 혹사당하고 있을 유인(Motivation)이 사라진 것이다. 그 결과 쓸 만한 사람들은 좌절하거나 변절하거나 미련 없이 떠나고, 회사의 우수인력 풀(Pool)은 고갈되고 만다.

자, 다시 영화로 돌아가자. 영화 〈아바타〉는 '공유지의 비극'에 대한 SF 버전으로 인간의 탐욕이 빚어낸 폭력과 야만성, 그리고 그 종말을 웅장하게 그려낸 수작이다. 다만 게임이론의 학구적 해법을 택하는 대신 영화는 권선징악의 한판 승부에 기댄다. 자원을 남획하고 환경을 오염시켜가며 배를 불려온 우리 인류에 대한 카메론 감독의 통쾌한 경고가 읽혀진다.

우리 모두는 기억한다. 어린 시절, 방마다 불을 켜놓고 돌아다녀도 돌아서면 신기하게 불이 꺼져 있던 것을. 몇 번 입고 내팽개친 티셔츠가 언제부턴가 행주로, 또 그다음에는 걸레로 변신했던 것을. 손잡이가 닳아서 거실 휴지통에 내버렸던 신발주머니가 다음 날 아침이면 거짓말처럼 고쳐져 있던 것을. 그렇다. 우리가 누려왔던 풍요는 누군가의 알뜰함과 헌신 위에서 만들어졌던 것이다.

한 회사의 운명은 궁극적으로 유난희 상무 같은 어머니 역할을 할 사람이 몇 명이냐에 따라 결정된다. 망한 회사들의 공통점은 회사의 공유재산을 너도나도 흥청망청 써버렸다는 데 있다. 요즘은 멀쩡했던 회사도 한 방에 훅 가는 시대다. 무조건 아끼고 줄여야 한다. 다만 몇몇 상사의 잔소리와 직원들의 윤리의식에만 호소하는 것에는 한계가 있다. 공유재산을 내 것처럼 아낄 수밖에 없게 하는 게임의 룰(Rule of game) 설계가 관건이다.

아프리카 코끼리 구출 작전

지난 몇 세기 동안 아프리카 코끼리는 상아를 노린 밀렵꾼들의 표적이 되어왔다(상아는 암시장에서 킬로그램당 약 2,000달러에 거래). 아프리카 각국 정부는 자국의 코끼리를 보호하기 위해 나름의 보호정책을 펼쳤는데, 10년쯤 지난 후 결과를 보면 판이하게 다르다. 케냐와 탄자니아의 코끼리 수는 급감했는데, 짐바브웨와 남아공에서는 오히려 증가했다. 이유가 뭘까? 결정적 차이는 인센티브 메커니즘(Incentive mechanism)에 있었다.

케냐와 탄자니아는 코끼리 밀렵을 엄격히 금지하고 밀렵꾼을 강도 높게 처벌했다. 반면 짐바브웨와 남아공은 마을별로 영역을 할당하여 영역 내 코끼리에 대해 사유재산권을 인정하고 사냥으로 얻은 상아의 판매 수익을 나눠 갖게 했다. 그러자 케냐 등에서는 밀렵꾼들이 더욱 교활해지면서 코끼리가 계속 죽어나간 반면 짐바브웨 등에서는 마을 사람들이 적극적으로 코끼리 보호에 나서게 된다! 짐바브웨 코끼리 수는 1979년 3만 마리에서 10년 후 4만여 마리로 증가했다.

성인군자는
없다

도덕적
해이

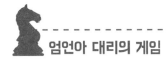

엄언아 대리의 게임

사무실로 돌아가야 하나, 아님 모처럼 명동에 가서 쇼핑이나 할까. 마케팅본부 엄언아 대리는 서울로 올라가는 KTX 안에서 가만히 다음 행선지를 고민하고 있다. 원래는 새벽에 서울을 출발해서 대전을 찍고, 포항을 거쳐, 마지막으로 부산까지 들러야 하는 타이트한 출장이었다. 게다가 각 지역별로 대표 고객사를 방문해서 다음 분기 예상 주문량에 대해 구두 확답을 받아야 하는 지겨운 일정. 요즘 같은 초고속통신 시대에 이런 걸 일일이 발로 뛰어가며 해야 한다는 게 도무지 납득이 되질 않는다. 그런데 어쩌겠는가. 회사에서 하라면 해야지. 아무튼 서울에는 자정 무렵에나 돌아올 수 있을까 말까했다.

새벽에 서울을 출발해서 대전 고객사에 도착한 시간이 오전 여덟 시. 서둘러 협의를 마치고 고속버스로 포항에 도착하니까 거의 점심시간이 다 되었다. 하는 수 없이 포항 고객사 구매부장과는 '물회팅'을 해야 했다. (아, 물회를 먹으며 하는 미팅을 말한다.) 덕분에 시간을 많이 절약했다. 이제 머나먼 부산만

남았다. 출발하기 직전에 부산 고객사 담당자에게 컨펌 전화를 넣었다. 그런데 이게 웬일? 그쪽도 마침 일이 있어 오전에 포항에 왔다가 지금 막 내려가려던 참이란다. 오호, 살다 보니 이런 행운수가 다 있네. 덕분에 부산 담당자와는 포항 터미널 근처 역전다방에서 걸쭉한 커피를 마시며 일을 마칠 수 있었다.

보람찬 하루 일이 이렇게 끝났다. 이제 서울역에 도착하면 다섯 시, 지하철을 타고 사무실로 복귀하면 다섯 시 반, 사무실에서 30분쯤 앉아 있다가 바로 퇴근하면 된다. 아, 그런데…… 꼭 그래야 하나? 어차피 오늘 숙제는 다마치지 않았나. 그리고 솔직히 말해서 오늘 일이 일찍 끝난 건 순전히 엄 대리의 운이 좋아서였지, 회사가 뭘 해줘서 그런 건 아니지 않나. '그래, 이 정도면 월급 받은 값은 충분히 한 거야. 그리고 적당한 땡땡이는 정신건강에 좋을 거고, 정신이 맑아야 회사를 위해서 더 전력투구할 수 있는 거야.'

명동으로 향하는 엄언아 대리의 발걸음은 가볍다 못해 날아갈 듯하다. 그런데 마음 한구석에서 한 움큼의 찝찝함이 계속 부스럭댄다. 혹시 이기분 상무가 부산 고객사에 전화하는 건 아니겠지? 그래서 만약 내가 땡땡이쳤다는 게 밝혀지면 어떡하나. 그럼 내 죄명은 뭐지? 배임? 사기? 아니면 탈영? 흠…… 설마 아니겠지. 이 상무가 무슨 정성이 뻗쳤다고 부산 고객사에까지 전화를 하겠어. 그럴 분이 아니야. 그래 쓸데없는 고민하지 말고 이왕 땡땡이 칠 거면 회사에 감사하는 마음으로 즐겁게 치자구.

가만, 아니지. 지난번에 정화수 과장은 근무시간에 회사 근처 사우나에 몰래 갔다가 허무한 전무와 마주쳤다며? 다행히 전무님이 주무시고 계셨기에 망정이지 들키는 줄 알고 심장이 멎는 줄 알았다잖아. 그런데 어쩌면 그때 전무님도 정 과장을 발견했는데도 민망하니까 자는 척한 건지도 몰라. 혹시 명동에서 쇼핑백 흔들며 다니다가 회사 사람이라도 만나면 어쩐다. 길거리에서 자는 척할 수도 없고……. 아, 안 되겠다. 쇼핑은 아무래도 좀 위험해. 그냥 영화나 한 편 보는 게 안전하겠다.

인간은 원래 부도덕한가?

한때 월 스트리트를 주름잡던 전설적인 투자자 고든 게코(마이클 더글라스)의 좌우명은 두 가지, '돈은 절대 잠들지 않는다'와 '탐욕은 좋은 것이다'이다. 그는 주식거래법 위반으로 8년간 옥살이를 하고 이제 막 출감한 참이다. 부와 명예를 모두 잃고 파멸한 그에게 남은 것은 구식 핸드폰과 텅 빈 머니클립, 그리고 실크 손수건 한 장뿐. 금융계의 거물 시절 위풍당당했던 모습은 온데간데없다. 하지만 믿는 구석이 딱 하나 있다. 수감되기 직전 자신의 딸 위니(캐리 멀리건)의 명의로 스위스 계좌에 감춰둔 1억 달러의 재산이 바로 그것. 영화 〈월 스트리트: 돈은 잠들지 않는다(Wall Street: Money never sleeps)〉는 과거의 영욕, 현재의 곤궁, 미래의 기대를 한몸에 품은 게코가 터벅터벅 교도소 문을 나서는 장면으로 시작한다.

그런데 문제가 하나 있다. 돈을 인출하려면 딸의 동의가 있어야 하는데 위니는 돈에 눈먼 아빠와 돌아선 지 이미 오래다. 위니에게는 풋내기 증권 트레이더인 제이콥(샤이어 라버프)이라는 애인이 있다. 어느 날 게코의 출판 기념회에서 만난 게코와 제이콥은 모종의 결탁을 한다. 제이콥은 게코 부녀의 화해를 돕고, 게코는 제이콥이 존경하던 예전 증권사 사장을 자살로 몰아간 자들에 대한 복수를 도와주기로 한다. 자, 과연 게코는 딸과 화해할 수 있을까? 좀 더 솔직하게는, 숨겨둔 돈을 되찾을 수 있을까? 그리고 제이콥은 통쾌한 복수를 할 수 있을까?

영화는 2008년 발생한 미국발(發) 금융위기, 즉 서브프라임 모기지 사태를 배경으로 한다. 영화 속에는 은행 수장들과 정부 관료가 금융위기를 논의하는 장면이 몇 차례 나온다. 그들은 자신들의 이익은 전혀 포기하지 않은 채 모든 손실을 정부 자금, 즉 일반 대중의 호주머니에서 나온 세금으로 메우려 한다. 천문학적인 규모의 구제금융을 요청하면서도 은행이 파산하면 전 세계 금융시장이 대혼란에 빠질 것이라며 은근히 위협까지 한다. 한마디로 BZR(배쩨라)이다. 이때 나오는 멘트 중 하나가 '도산하기엔 너무 크다(Too big to fail)'이다. 왠지 익숙한 표현 아닌가? 대마불사(大馬不死)의 신화 속에 덩치 키우기에만 몰두했던 1980~90년대 한국 경제, 그리고 그 결과로 맞닥뜨린 1997년 IMF 환란의 모습이 그려진다. 자본가들이 비난받는 이유, 파렴치함의 극치, 바로 도덕적 해이(Moral hazard)다.

게임이론에서 도덕적 해이는 통상 주인(Principal)과 대리인(Agent)의 관계에서 발생한다. 주인의 감시가 소홀한 틈을 타 대리인이 주인의 기대를 저버리고 자기 이익을 추구하는 현상이다. 대표적 사례로 보험시장이 있다. 일단 보험에 가입한 사람은 사고 예방 노력을 등한 시한다. 사고가 나도 어차피 보험회사가 물어줄 것이기 때문이다. 결국 보험제도가 본의 아니게 가입자의 부주의를 조장하고 사회 전체적으로 사고로 인한 피해와 함께 보험금의 낭비까지 발생시키는 것이다. 근로자가 고용주의 눈을 피해 일을 태만히 한다거나, 의사가 조합으로부터 의료보험금을 많이 타내려고 과잉진료를 하는 경우도 모두 도덕적 해이에 속한다. 국민을 위해 봉사해야 할 공무원들의 비리, 고객의 돈을 보호해야 할 금융기관의 부정, 주주를 위해 일해야 할 회사 임직원의 배임횡령도 모두 마찬가지다.

일반 직장인들에게는 딴 세상 얘기겠지만, 공공기관 등에서 매번 되풀이되는 낙하산 논란도 그렇다. 이번에는 관피아, 군피아, 해피아, 철피아 등으로 유형까지 세분화되었다. (이탈리아 시칠리아의 진짜 마피아들이 상표도용이나 명예훼손으로 들고 나오지 않을까 걱정된다.)

낙하산의 문제는 사장 자리를 독차지한다는 데서 그치지 않는다. 더 큰 문제는 도덕적 해이를 잉태한다는 데 있다. 대개 전문지식도 없고 열심히 일할 의욕도 없는 분들이 구름을 타고 내려오신다. 오자마자 기강을 잡겠다, 혁신을 하겠다며 조직을 상하좌우로 흔들며 한바탕 얼을 빼놓는다. 그러고는 어느 날…… '올 때 그냥 그렇게 오셨던 것처럼 갈 때도 그렇게' 연기처럼 가버리신다. 남은 것은 복지부동과 이전투구의 흔적뿐, 조직은 시름시름 병들어간다.

유인제도와 정보비대칭 완화가 해법

게코가 『탐욕은 좋은 것인가?』라는 책을 낸 뒤 출판기념 강연을 하는 장면이 인상적이다. 그는 9·11 테러 이후에 미국 정부가 금리를 낮춰 부동산 거품을 초래하고 모기지 담보부 증권 등 온갖 파생상품 투기를 부추겼다고 비난한다. 그는 이것이 대량살상 무기와 다를 바 없고 결국 파산으로 이어지는 미친 게임이라고 말한다. 게코는 도덕적 해이에 대해 '누군가가 당신의 돈을 가져다 쓰고는 아무런 책임도 지지 않는 것'이라는 명쾌한 해석을 내린다. 이를 해결하기 위한 해법은 무엇일까? 영화 속 게코의 대답은 딱 세 마디다. "내 책을 사세요(Buy my book)".

도덕적 해이는 자원의 효율적 분배를 저해할 뿐 아니라 시장 기능 자체를 위축시키는 심각한 문제를 일으킨다. 그럼 해법은? 두 가지가 있다. 유인제도 설계(Incentive mechanism)와 정보비대칭성(Information asymmetry) 완화이다.

우선 유인제도 설계가 있다. 누가 보든 말든 묵묵히 열심히 일하는 것이 스스로에게 유리하도록 제도가 갖춰져야 한다. 기업에서는 성과급이나 스톡옵션 등이 여기에 해당된다. 정치권에서는 열심히 의정 활동을 하는 것이 다음 번 선거나 공천에 유리하도록 하는 선거제도 개편이 해당될 것이다.

다음은 정보비대칭을 완화하는 것이다. 도덕적 해이는 기본적으로 대리인이 정보 우위에 있기 때문에 발생한다. 따라서 주인과 대리인간 정보비대칭을 없애면 견물생심의 여지도 없어진다. 기업들이 투명경영에 매진하는 이유가 바로 여기에 있다. 정치도 투명해야 한다. 물을 흐리는 일부 정치인들로 인해 정치권 전체가 비난받는 일은 없어야 한다. 맑은 물에는 고기가 못 논다고? 혼탁한 물에는 고기가 씨가 마른다.

자, 다시 영화로 돌아가자. 할리우드의 거장 올리버 스톤 감독이 2010년에 제작한 이 영화는 1987년에 개봉한 〈월 스트리트〉의 후속편이다. 전편에서 '돈이냐 혹은 더 많은 돈이냐'를 놓고 고민하던 게코는 이제 '돈이냐 혹은 가족이냐'를 놓고 고민하기 시작한다. 게코는 딸을 속여서 스위스 계좌에서 돈을 빼내 다시 부자가 되지만, 마지막 순간에 빼돌린 돈을 모두 딸이 원하는 기관에 기부한다. 이어지는 부녀의 화해와 감동의 눈물. 결말이 갑작스레 가족 드라마로 끝나는 것 같아 아쉽기는 하지만 추악한 자본주의에 대한 감독의 연민과 바람으로 이해해도 무방할 듯싶다.

도덕적 해이를 판단하려면 회사의 룰을 봐야

엄언아 대리의 땡땡이는 용서받을 수 있을까? 상식적으로 용인 가능한 관행일까, 아니면 적나라한 도덕적 해이일까? 그럴 수도 있고, 아닐 수도 있다. 이건 순전히 회사의 명시적인 방침, 혹은 암묵적인 문화가 '성과' 중심인지 '근태' 중심인지에 달려 있다. 전자라면 그날 맡은 일을 다 했으면 그만이다. 더 화끈하게 놀아도 된다. 반면 후자라면 몸조심하는 게 좋다. 이건 명백히 근무 중 무단이탈에 해당된다.

엄 대리 입장에서는 달달제과의 방침이나 문화가 어느 쪽인지를 곰곰이 따져본 연후에 소신껏 행동하면 된다. 요즘 추세는 물론 성과 지향 쪽이다. 심지어 재택근무나 유연근무제까지 도입하는 회사도 많다. 사무실에서 시간만 축내봤자 능률은 오르지 않고 전기요금만 많이 나오기 않겠는가. 물론 아직도 '눈도장'을 중시하는 과거집착형 회사들이 종종 있기는 하다. (어디라고는 말 못한다.)

투기, 그 짜릿한 손맛

자본주의 경제에서 도덕적 해이의 극치는 투기(Speculation)에서 보여진다. 영화 속 게코의 사무실에는 튤립이 그려진 액자 하나가 걸려 있다. 1600년대 네덜란드에서 불었던 튤립 파동(Tulip Mania)을 묘사한 그림이다. 터키에서 수입된 튤립이 네덜란드 부유층 사이에서 인기를 끌자 너도 나도 사재기 광풍이 불었다. 급기야 튤립 뿌리 하나의 가격이 암스테르담에 저택 한 채를 살 수 있을 정도까지 폭등하자 뭔가 잘못되고 있다는 사실이 명백해졌다. 약삭빠른 투기꾼들은 이미 챙길 것을 챙기고 손을 털기 시작했다. 그 즉시 가격은 폭락하고 얼결에 투자에 나섰던 대다수 개미 투자자들은 빈털터리가 되었다.

역사는 되풀이된다. 주기적으로 반복되는 부동산 투기, 뉴 밀레니엄을 전후해 전 세계를 휩쓸었던 닷컴 버블, 그리고 최근의 녹색 열풍까지 시장의 격변기에는 예외 없이 투기 바람이 불었다. 투기의 이면에는 탐욕의 폭탄 돌리기와 도덕적 해이가 작동한다. 그 와중에 매번 애꿎은 (또 안타깝고도 답답한) 희생자가 속출한다.

손 따로

발 따로

04

이기적인
그(녀)의
싸늘한 침묵

죄수의
딜레마

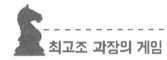

최고조 과장의 게임

기획본부 최고조 과장은 머리가 복잡하다. 다음 달 예정된 전사 성과분석 보고회 때문이다. 상반기 실적과 하반기 계획을 사장과 본부장들이 지켜보는 앞에서 발표해야 한다. 발표 자료는 이미 여러 번 체크했고, 앞에 나가서도 그다지 떨지 않는 편이어서 걱정될 거는 없다. 문제는 프레젠테이션.

최 과장은 자타가 인정하는 실용주의자다. 특히 보고서를 화려하게 꾸미는 것은 노골적인 사기 행각이라며 침을 튀긴다. 겉치장에 신경 쓸 시간 있으면 내용을 더 충실하게 하는 게 백번 낫다는 주장이다. 이런 생각은 초등학교 다닐 때 만들어진 트라우마 탓이 크다.

매년 한 번씩 '환경미화'라는 걸 했는데, 학생들이 보송보송한 환경에서 방긋방긋 웃으며 무럭무럭 자라고 있음을 증명하는 자리다. 매번 할 필요는 없고 장학사가 순시할 때만 하면 된다. 교장선생님은 문책 때문에, 담임선생님은 평가 때문에, 학생들은 상장 때문에 술렁거렸다. 개근상 빼고는 상이란 걸 받아본 적이 없던 최 과장은 환경미화에 목숨을 걸었다. 방과 후에까지 남아 마룻바닥이 닳아 없어질 때까지 왁스칠을 했고, 천장에 붙어 있는 거미줄과 사투를 벌였다. 하지만 환경미화상은 늘 다른 반, 다른 아이들 차지였다. 그것도 교실 뒷벽에 쓸데없는 포스터만 잔뜩 붙여놓은 아이들에게 돌아가기 일쑤였다.

아무튼 회사 일만큼은 '쌩얼'로 승부해야지 화장발로 감추는 것은 범죄다. 어떻게든 튀어보려고 너도나도 보고서에 분칠을 하면 회사에 무슨 도움이 되겠는가. 최 과장은 기회 있을 때마다 윗분들께 이런 생각을 얘기했고, 그 덕분인지 달달제과 내 보고 문화는 나름 실용적인 색깔이 강했다. 그런데 빌 게이츠가 세상을 망쳐놨다. 파워포인트가 등장하면서부터 진지해야 할 보고회가 무슨 애니메이션 장기대회처럼 변질된 것이다.

설상가상으로 작년에 서운해 사장이 어디서 뭘 보고 왔는지 한마디 한 후부터 모든 게 엉망이 되었다. "같은 값이면 다홍치마라고 보고서에는 정성이 담겨야 해. 거 뭐냐, 프레지라고 했나? 그거 참 멋지더구만." 프레지(prezi)? 파워포인트 슬라이드가 기본적으로 정적이라면, 프레지는 화면을 막 날아다니게 하는 정신 사나운 프로그램이라고 어디서 들은 듯하다. 아무튼 사장의 한마디 이후 지금은 다들 화장에 여념이 없다.

딜레마도 이런 딜레마가 없다. 실속을 차리자니 사장 말씀이 걸리고, 사장 비위를 맞추자니 소신이 흔들린다. 그나저나 라이벌인 배수진 과장은 어떻게 준비하고 있을지 궁금해 죽겠다. 아무래도 여자니까 디자인과 색감이 남다르겠지. 거기다 이런저런 애니메이션 효과까지 팍팍 살린다면 확연히 두드러질 텐데……. 아, 이러면 어떨까. 공연히 엉뚱한 데 힘 빼지 말자고 신사(숙녀)협정을 맺는 거다. 배 과장도 그렇게 꽉 막힌 사람은 아니니까 어쩌면 동의할지도 모른다. 일단 보고서 꾸미는 데 들이는 시간 낭비를 줄이고 그 시간에 회사를 위한 전략을 더 고민해서 담아보자고 하면 수긍할 것도 같은데…….

최 과장은 배 과장에게 전화를 하려고 수화기를 들다가 다시 내려놓았다. 아무래도 전화로 얘기하는 건 좀 그렇고, 내일 점심에 밥 한번 먹자고 해야겠다. 얼굴 보고 확실히 다짐을 받아놔야 한다. 애니메이션 따위는 하지 않기로 약속해놓고 나중에 혼자만 튀겠다고 딴짓 할 수도 있으니까.

도처에 깔린 죄수의 딜레마

게임이론의 여러 모형 중 가장 널리 알려진 것 중에 죄수의 딜레마(Prisoner's Dilemma)가 있다. 범행을 저지른 두 명의 공범자가 있다. 그들은 각각 다른 방에 격리되어 조사를 받게 되는데 둘 다 범행을 부인할 경우 혐의 입증이 어려워 경미한 처벌에 그치게 된다. 둘 다 자백할 경우는 혐의가 모두 드러남으로써 무거운 처벌을 피할 수 없다. 여기까지는 쉽다. 그런데 만약 둘 중 한 사람만 자백을 한다면 자백한 사람은 그 대가로 즉시 석방되지만 끝까지 부인한 사람은 가중처벌되어 더욱 무거운 형을 받게 된다면?

순순히 자백할 것인가, 끝까지 부인할 것인가라는 운명의 갈림길에서 두 명의 죄수들은 썩 내키지 않는 딜레마에 빠진다(그래서 '죄수의 딜레마'이다). 이때 상식적으로 가장 바람직한 답은 두 명 다 끝까지 부인하고 경미한 처벌로 끝나는 것이다. 그러나 우리의 '영리한'(게임 이론적 표현으로는 '합리적인') 죄수들은 모든 경우의 수를 꼼꼼히 다 따져본 후 결국 바보짓을 하고 만다. 두 명 모두 자백을 해버리는 것이다. 상대방이 어떤 액션을 취하든 내 입장에서는 항상 자백하는 것이 더 유리하기 때문이다(상대방이 부인한다고 가정했을 때, 나도 부인하면 둘 다 경미한 처벌을 받지만 나만 자백하면 나는 바로 석방된다. 상대방이 자백한다고 가정했을 때, 나도 자백하면 둘 다 무거운 처벌을 받지만 나만 부인하면 가중처벌까지 받게 된다).

죄수의 딜레마 상황은 우리 사회 곳곳에서 목격된다. 회사도 예외일 리 없다. 생산과 마케팅 파트, 경영 스텝과 실행 파트 간 오랜 갈등의 기저에는 모두 죄수의 딜레마가 깔려 있다. 마케팅에서는 시장에서 팔릴 만한 고사양 제품을 요구하는데, 생산 파트에서는 예산 제약하에서 생산성을 유지해가며 저비용 제품에 집중하는 식이다. CEO 직속의 경영 스텝에서는 회사의 미래를 생각하며 담대하고 도전적인 비전과 계획을 세우지만, 실행 부서에서는 비전 따위는 펜대만 놀리는 무책임한 탁상공론이라며 비난의 목소리를 높이게 된다. 이러한 갈등 상황은 필연적으로 부서 간 이기적 행동을 낳고 회사 전체의 이익에서 점점 더 멀어지는 결과를 초래한다.

죄수의 딜레마 상황은 영화에서도 단골 소재로 쓰이는데 배트맨 시리즈의 문제작 〈다크 나이트(The Dark Knight)〉가 대표적이다. 정의의 수호자 배트맨(크리스찬 베일)은 관록의 형사 짐 고든(게리 올드만)과 함께 그들의 고담 시(市)를 범죄로부터 영원히 구원하고자 한다. 불안을 느낀 악당들이 대책 마련을 위해 긴급 회합을 갖는 와중에 기괴한 광대 분장에 보라색 양복을 걸친 조커(히스 레저)가 예고도 없이 짜잔~ 나타나서는 악당들을 이끌게 된다.

오로지 폭력 그 자체를 즐기는 도덕성 제로의 절대악(惡), 조커. 그는 온갖 악행을 저지르며 고담 시를 혼란에 빠뜨리는데, 배트맨이 가면을 벗고 정체를 밝힐 때까지 살인과 파괴를 멈추지 않겠다며 배트맨을 압박한다. 급기야 조커는 (죄수의 딜레마를 응용한) 악의적인 게임 상황을 연출해가며 인간의 불신과 이중성을 비웃는다. 선량한 시민들과 극악무도한 복역수들이 나누어 타고 있는 두 척의 배에 각각 폭탄을 설치해놓고는 다른 쪽 배를 폭파시킬 수 있는 기폭장치를 양쪽에 전달한 것이다. 그리고 한 시간 내에 먼저 스위치를 눌러 다른 쪽 배를 폭파시킨 쪽만 살아남을 수 있다는 메시지를 전한다. 조커의 말마따나 이것은 일종의 사회적 실험(Social experiment)이다. 시민과 복역수들이 선택할 수 있는 길은 오직 두 갈래, 스위치를 먼저 누를 것이냐, 말 것이냐뿐이다.

의외로 간단한 딜레마 탈출법

그리스 철학자 아리스토텔레스는 "지혜로운 자의 목표는 행복을 성취하는 것이 아니라 불행을 피하는 것"이라고 했다. 지당한 말이다. 직장도 마찬가지다. 그럼 직장 내 고질적인 죄수의 딜레마 상황에서 벗어나기 위해서는 어떻게 해야 할까? 흔히 회사 전체를 생각하는 큰 시각과 주인의식, 애사심 등에 기대는 경우가 많은데 글쎄…… 듣는 사람은 없는데 벽 보고 노래하는 것과 다를 게 없다. 인간의 이기적 합리성이 존재하는 한 결국에는 균형상태, 즉 딜레마 상황으로 다시 회귀할 것이기 때문이다. 그보다는 전사적 이익 추구가 개인 혹은 부서에게도 유리하게끔 하는 유인책 마련이 중요하다.

우선 부서 간 소통 채널을 확대해야 한다. 각 개인(혹은 부서)이 어떤 선택을 할 것인지에 대해 사전에 간단한 의사소통만 해도 게임의 결과를 바람직한 방향으로 이끌 수 있다. 게임이론에서는 이를 시그널링(Signaling) 혹은 칩톡(Cheap talk)이라고 한다. 회사 전체에 파장이 미치는 의사결정 안건에 대해 부서 간 공식·비공식 간담회와 토론회 등이 (비록 뜨뜻미지근한 듯 보여도) 반드시 필요한 이유다. 최고조 과장과 배수진 과장이 반드시 밥 한 끼 함께 해야 하는 이유이기도 하다.

다음으로 부서 간 협업이나 시너지 성과에 대해 회사 차원에서 별도로 보상하는 방법이 있다. 그러면 게임의 이익구조(Payoff structure)가 바뀌게 되어 회사에 유리한 쪽으로 행동을 유도하는 것이 가능하다. 운동경기에서 선수들 개개인의 득점보다는 어시스트나 희생 플레이 횟수 혹은 팀 성적에 따라 개인의 보상을 결정하는 방식과 유사하다고 할 수 있다.

한편 조직문화를 손질함으로써 협조 문화를 정착시킬 필요도 있다. 우선 비협조적이고 이기적인 행동에 대해 '눈에는 눈, 이에는 이'

스타일로 철저하게 응징함으로써 이기심에 제동을 거는 방법이 있다. 어정쩡한 관용보다 엄정한 신상필벌 문화가 (정나미는 떨어져 보여도) 더 유익할 수 있는 것이다. 좀 더 장기적으로는 이른바 한솥밥 정신, 즉 구성원 간 관계의 지속성을 상기시킴으로써 지금 당장 눈앞의 대박 이득에 혹하기보다는 꾸준히 작은 이득들을 쌓아가는 것이 더 유리할 수 있음을 깨닫게 하는 것도 좋은 방법이다.

알면서도 빠지고 마는 딜레마의 마력

다시 〈다크나이트〉로 돌아가 조커의 농간에 빠진 사람들을 보자. 두 척의 배 모두의 운명이 종말을 향해 달려가고 드디어 예정된 데드라인 열두 시가 다가온다. 게임이론의 예측대로라면 양쪽 모두 스위치를 누르고 죄수의 딜레마에 빠져야 한다. 그러나 고담 시의 시민과 복역수들은 이익보다는 양심을 택하고 끝까지 기폭장치를 누르지 않는다. 할리우드의 영웅주의가 게임이론의 수학적 균형조차 능가했다고 볼 수밖에.

영화에서처럼 죄수의 딜레마에서 빠져나오려면 양쪽이 협조하는 수밖에 없다. 최고조 과장의 상황이라면 배수진 과장과 사전에 만나서 보고서 스타일을 조율하고 내용 위주로 자료를 만들기로 합의하는 것이 베스트다. 이렇게 하면 서운해 사장의 휘황찬란한 눈높이에는 못 미치겠지만 크게 문제될 건 없다. 보고서 꾸미느라 들이는 시간을 내용을 알차게 하는 데 쓸 수 있다면 결국에는 사장에게도 이득이지 않겠는가.

하지만 이렇게 쉽게 해결될 거라면 딜레마가 아니다. 그렇게 먹지 말라고 신신당부를 했는데도 기어이 사과를 따먹고 쫓겨나는 게 우리 인간 아닌가. 단단히 합의를 하고 돌아서자마자 배 과장은 딴 생각이 든다. 마음 저 깊은 곳에서 "합의는 무슨 얼어 죽을. 바로 지금이 치고 나갈 절호의 찬스야"라는 악마의 속삭임이 들려오는 것이다. 배 과장은 홀린 듯 취한 듯 보고서에 분칠을 시작하게 된다. 최 과장도 별반 다를 바 없다. "만약에 배 과장이 배신을 때리면 어쩌지. 그럼 난 완전히 새 되는 거잖아." 결국 최 과장도 부하 직원을 시켜 보고서를 화장, 분장, 변장시키게 된다.

최종적으로 두 과장 모두 덕지덕지 화장을 한 보고서를 발표하게 되고, 서로의 보고서를 보면서 배신감과 죄책감이 버무려진 쓴웃음을 짓게 된다. 그래서 딜레마인 것이다. 발표를 지켜본 서운해 사장의 마무리 총평이 죄수의 딜레마를 완성한다. "아니, 우리가 무슨 광고 회사야? 보고 자료를 왜 이렇게 정신없이 부산스럽게 만드는 거야. 시간이 남아도나 보네? 다음부터는 애니메이션 싹 다 빼고 폰트도 명조체로 통일하도록 해."

B
R
E
A
K

눈에는 눈, 이에는 이

죄수의 딜레마에 대한 해법으로 보복만큼 화끈한 게 없다. 기원전 1800년 경, 셈족인 아무르인이 메소포타미아에 침입해 바빌론을 수도로 정하고 전제적인 바빌로니아 왕국을 건설했다. 바빌로니아 왕국의 제6대 왕이 함무라비(재위 기원전 1724~1682)였는데, 그 유명한 '함무라비 법전'을 제정한 사람이다.

인류 최초의 성문법으로 일컬어지는 '함무라비 법전'은 20세기 초 프랑스 학자 드 모르갱에 의해 서부 이란의 페르시아 만 수사에서 발견되어 지금은 루브르 박물관에 전시되어 있다. 이 법전은 '눈에는 눈, 이에는 이'라는 탈리오 법칙(lex talionis), 즉 동해(同害) 복수법에 기초한 형벌법으로서 타인의 눈을 상하게 한 사람은 자기 눈도 상해져야 하고, 부모를 구타한 아들은 그 손목이 잘려져야 한다고 규정하고 있다.

마지막 총알
한 발

최후통첩
게임

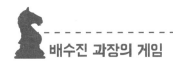

배수진 과장의 게임

태스크포스(TF)에서 공동작업을 하면 이게 문제다. 참여 인원별로 기여도를 적어 인사팀에 제출해야 하는데 쉽지가 않다. 우스갯소리로 TF에 참여한 팀원들에게 각자 자기가 기여한 비율을 양심껏 적어내라고 하면 합이 항상 100퍼센트를 넘는다고 하지 않는가. 사실 TF팀장이 재량껏 판단하면 그만일 텐데, 아무리 팀장이라고 해도 정규 부서도 아닌 TF에서 전권을 행사하는 건 모양새가 좋지 않다. 결국 팀원들이 모두 동의하는 수준에서 마무리해야 한다.

3개월간 소규모 TF팀장을 맡았던 배수진 과장은 이번에는 별로 고민할 게 없을 거라고 생각했다. 팀원이라고 해봐야 본인 말고 하지만 씨와 구여운 사원 단 세 명이었으니 직급에 관계없이 세 명의 기여도를 적어 내기만 하면 그만이다. 더구나 하지만 씨는 다른 업무가 겹치는 바람에 마지막 한 달만 참여했다. MM(Man-Month)로 환산하면 애초에 할당받은 총 3MM 중에서 배수진 과장 자신과 구여운 씨는 처음 두 달은 1/2씩, 마지막 달은 1/3씩 가지면 된다. 그럼 각각 8/6 MM다(1/2+1/2+1/3). 마지막 달만 참여한 하지만 씨는

직장 내 최후통첩은 '거절할 수 없는 제안'이 되는 게 좋다.
상대방 입이 찢어지게 좋아할 만큼 양보하든지 원칙을 가지고 밀어붙이는 거다.

그냥 1/3 MM. 퍼센티지로 환산하면 세 명이 전체 3MM의 44.4퍼센트, 44.4

퍼센트, 11.2퍼센트이다.

이렇게 간단히 계산을 마치고 인사팀에 통보하려는데 갑자기 찜찜한 기분

이 든다. 과연 나머지 두 사람이 여기에 동의를 할까. 만일 한 명이라도 동의

하지 않는다면 골치 아프게 된다. 공연히 시끄러워지면 남들 보기에도 안 좋

고. 혹시라도 팀원들 간 감정싸움으로 비화하면 나중에 어떤 다른 안을 내놔

도 합의가 더 어렵게 된다. 최악의 경우 '너 죽고 나 죽자' 분위기가 되면 그

땐 진짜 끝장이다.

'퍼센티지로 그냥 깔끔하게 45, 45, 10퍼센트라고 할까? 아니야, 그러면 하

지만 씨가 시비를 걸 수도 있어. 누가 봐도 마지막 한 달만 참여한 게 맞지

만, 마지막 달에는 자기가 업무 강도가 더 높았느니 어쩌니 하면 시끄러워

져. 그냥 하지만 씨에게 인심 쓰듯이 40, 40, 20퍼센트로 하면 이번에는 구

여운이 불만일 게 뻔하고. 에라 모르겠다, 그냥 밥값 나눌 때처럼 엔분의 일

(1/n)로 하자고 할까.'

최후통첩은 단호하면서 조심스럽게

지독한 형제들과 악랄한 수사관이 펼치는 한판 승부에서 최후의

승자는 누가 될까? 영화 〈로우리스(Lawless)〉의 배경은 1920년대 미

국의 금주법 시대이다. 비록 법으로 금지되었지만 수요가 있는 곳에

는 공급이 따라오기 마련. 미국 전역에서 밀주 제조와 판매가 기승

을 부렸고, 각종 갱들이 여기에 연관되면서 조직과 사업을 넓혀나갔다. 버지니아 주(州) 프랭클린 카운티라는 작은 시골 마을의 본두란가(家) 삼형제도 밀주를 만들어 돈을 번다. 범접할 수 없는 최고의 카리스마를 가진 맏형 포레스트(톰 하디), 말보다는 행동이 앞서는 터프가이 하워드(제이슨 클락), 형들에 비해 소심하지만 섬세함을 지닌 막내 잭(샤이아 라보프)이 그 주인공.

본두란 형제의 밀주는 명백한 불법이지만 동네에서는 별 문제가 아니다. 동네 사람들도 다 밀주를 만들어 팔고 있고, 또 보안관을 비롯해 모두가 술을 마시기 때문이다(역시 법질서는 시장질서에 밀릴 수밖에). 그런데 이 평화로운 공존의 질서에 균열이 생긴다. 시카고에서 새로 부임한 특별수사관 찰리(가이 피어스)가 밀주를 눈감아주는 대신 자신에게 터무니없는 액수를 상납할 것을 요구하고 나선 것이다. 하는 짓으로 보나 생긴 걸로 보나 찰리가 보통내기가 아님을 직감한 동네 사람들은 찰리의 요구에 무릎을 꿇는다. 하지만 본두란 삼형제는 찰리 따위에게 절대 굴복하지 않겠다고 맞선다. 분노한 찰리는 마지막 최후통첩을 보내고 본두란 형제들의 운명은 절체절명의 기로에 놓인다.

본래 최후통첩(Ultimatum)은 국제법상 전쟁을 시작하는 방법의 하나로, 상대국에게 최종적인 요구조건을 알리고 일정 기간 내 그 요구가 받아들여지지 않을 경우 무력 행동에 나서겠다는 뜻을 밝힌 외교 문서이다. 그런데 게임이론에도 최후통첩 게임(Ultimatum Game)이 있다. 이 게임은 1982년 독일 훔볼트 대학의 베르너 귀스가 처음 고안

했는데, 지난 30여 년간 전 세계에서 수많은 연구자들이 여러 가지 변형된 형태의 최후통첩 게임을 실험했다.

이를테면 다음과 같은 식이다. 누군가 당신에게 10만 원을 주면서 옆 사람과 나눠가지라고 한다. 단 조건이 있다. 옆 사람이 당신이 나눠준 돈을 수락해야만 두 사람 모두 돈을 가질 수 있다. 즉 옆 사람에게 2만 원을 제안했는데 그가 수락한다면 당신은 8만 원, 그는 2만 원을 갖는다. 만일 그가 (어떤 이유에서든) 당신의 제안을 거절하면 둘 다 한 푼도 받지 못한다. 당신이라면 과연 10만 원 중 얼마를 나눠줄 것인가?

두 사람 모두 경제학적으로 완벽히 합리적인 인간, 즉 '호모 이코노미쿠스'라면 고민할 것 없다. 옆 사람에게 아주 적은 금액(예를 들어 단돈 100원)을 주고 당신은 9만 9,900원을 챙기면 그만이다. 옆 사람 입장에서도 100원이라도 받는 게 이득이니까 당신의 제안을 거부할 이유가 없다. 하지만 세상 이치가 어디 그런가? 100원을 제안했다가는 어떤 반응이 돌아올지 불을 보듯 뻔하다. '너도 한번 죽어봐라'식으로 파투를 낼 공산이 크다. 아니면 '양심도 없냐'며 멱살잡이가 벌어질 가능성도 있다. 자, 그러면 얼마를 제안해야 옆 사람이 군소리 없이 수용할까? 천 원? 역시 어림없다. 그러면 만 원?

실제 돈을 걸고 실험을 해보면 제안자가 가장 흔히 제안하는 금액은 총액의 50퍼센트(즉 5만 원)이고, 다소 인색한 사람이라도 최소 30퍼센트 이상을 제안하는 것으로 나타났다. 또한 제안을 받은 쪽에서는 대부분 총액의 30퍼센트 미만은 가차 없이 거절하는 것으로 나타났다. 2014년 초, 필자가 포항공대생 70여 명을 대상으로 직접 실험을 해보았더니 결과는 역시 30~50퍼센트 범위였다. 그런데 놀랍게도 단돈 100원이라도 감사히 받겠다는 초(超)실리형 학생도 두세 명 있었다(집 떠나 힘들게 공부하다 보면 알뜰해질 수밖에 없다). 하지만 총액이 1억 원이어도 역시 100원에 만족하겠느냐는 다음 질문에는 잠시 당황하더니 곧 결연한 표정으로 '그 꼴은 못 본다'는 대답이 돌아왔다.

최후통첩 게임의 변형으로 독재자 게임(Dictator game)이 있다. 여기서는 제안자가 자신이 원하는 금액만큼을 상대방에게 주는 것으로 게임이 끝난다. 상대방이 수락하든 말든 관계없이 주고 싶은 만큼만 주면 된다. 그렇다면 제안자가 10만 원을 다 갖고 상대방에게 한 푼도 안 주는 것이 합리적이다. 그러나 실험 결과는 뜻밖이다. 절반 이상의 사람들이 평균적으로 6만 원은 자기가 갖고 4만 원 정도를 상대방에게 나눠주었다고 한다. 역시 인간은 경제학이 가정하는 이기심 덩어리라기보다는 다소 비합리적으로 보일지언정 '폼에 살고 폼에 죽는' 의리의 동물인가 보다.

최후통첩 이면의 마이너스도 고려하라

최후통첩(혹은 독재자) 게임은 행동경제학이 전통 경제학을 반박하는 논거로 자주 인용된다. 현실에서 인간은 경제 원리에 따른 금전적 이익보다는 인간성에 기초한 공평성과 호혜성을 더 중시한다는 점을 잘 보여준다. 영화에서 찰리가 본두란 형제들을 무조건 압박하는 대신 30~50퍼센트 정도의 몫을 제안했더라면 양쪽 모두에게 최악의 파국은 막을 수 있었으리라.

또한 최후통첩 게임은 사람들이 금액의 절대치보다는 상대치에 민감하게 반응한다는 점을 보여준다. 최근 국내에서 경영진의 연봉 공개가 화제가 된 적이 있다(오너 중 최고는 약 300억 원, 전문경영인 중 최고는 약 30억 원). 회사에 대한 경영진의 기여도를 금전적으로 보상하는 것은 좋다. 단 경영진과 직원의 연봉 차이가 현격하다면 직원 입장에서는 맥이 빠진다. 간이 배 밖에 나오지 않은 이상 대놓고 따질 직원은 없겠지만 회사에 대한 로열티와 사명감은 현저히 떨어질 수밖에 없다. 마치 최후통첩 게임에서 형평에 어긋난다고 생각될 때는 미련 없이 판을 엎는 것처럼 말이다. 돈에도 한계효용체감의 법칙이 작용한다. 100만 원보다는 200만 원이 확실히 좋겠지만, 10억 원보다 20억 원이 두 배 이상 좋을 리는 없다(아닌가?). 임원의 연봉을 높게 책정했을 때 임원 몇 명에게 돌아가는 플러스 효과와 함께 직원 수천, 수만 명에게 돌아가는 마이너스 효과를 반드시 같이 고려할 것을 권한다.

거절할 수 없는 제안을 하라

직장에서 업무 기여도를 둘러싼 잡음은 회사가 존속하는 한 영원히 계속될 거다. 스스로 생각하는 것보다 많이 받은 사람은 절대 입을 열지 않는다. 심리적으로 자신의 역할과 기여도를 부풀리면서 받은 몫을 합리화해버리기 때문이다. 반면 기대했던 것보다 적게 받았다고 생각하는 사람은 억울함이 폭발하면서 동네방네 떠들고 다니게 되어 있다. 그러니 직장 어딘가에서는 항상 몫의 배분을 둘러싼 분란이 터져나올 수밖에.

이 문제를 해결하는 단초는 커뮤니케이션의 속성이다. 직장 내에서 이루어지는 커뮤니케이션은 탁구처럼 서로 공을 주고받는 랠리보다는 사실상 최후통첩의 모양을 띠는 경우가 많다. 무뚝뚝한 한국 사회에서는 흥정보다 통보가 익숙하기 때문이다. 좋지 않다. 늘 시끌벅적한 남대문시장에서조차 뻔히 얼굴 아는 상인에게는 물건 값을 단칼에 (통보하듯이) 후려쳐서는 안 된다. 자칫 감정을 상하게 하면 '안 팔고 만다'는 소리를 듣기 십상이다.

직장도 그렇다. 사전에 상대방의 성향이나 입장을 헤아려서 제안 수위를 정하는 게 현명하다. 상대방의 기분이 상해서 내 제안을 거절해버리면 그다음에는 수습하기가 참 난감해진다. '아니, 도대체 사람을 어떻게 보고' 혹은 '지금 누굴 가지고 장난하나'라는 반응, 왠지 익숙하지 않은가. 따라서 직장 내 최후통첩은 영화 〈대부〉에 나오는 말론 브랜도의 대사처럼 '거절할 수 없는 제안'이 되는 게 좋다.

두 가지 방법이 있다. 우선은 상대방이 입이 찢어지게 좋아할 만큼 양보하면 된다. 단점은 내가 좀 억울할 수 있다는 것이고, 이를 몇 배로 상쇄하고도 남을 장점은 아무 잡음이 없다는 거다. 두 번째는 원칙을 가지고 밀어붙이는 거다. 앞서 배수진 과장의 경우라면 처음에 계산했던 것처럼 참여 기간을 가지고 기여도를 산정해서 최후통첩을 해버리면 된다. 장점은 나름 합리적이고 산출 근거가 명확하다는 거다. 단점은? 별로 없다. 다만 며칠간 귀를 막고 다녀야 할 각오를 해야 한다.

자, 다시 영화로 돌아가자. 이 영화는 실화다(영화가 끝난 후 엔딩 크레디트 직전에 실제 본두란 삼형제의 빛바랜 흑백사진이 나온다). 본두란 형제들과 찰리의 대결에서 누가 이기고 지고는 중요하지 않다. 그들 모두 시대가 낳은 악법(惡法)의 피해자들이기 때문이다. 찰리의 최후통첩을 거절한 본두란 형제들은 한바탕 무지막지한 총격전 끝에 서서히 피를 뿌리며 쓰러져간다. 물론 찰리도 함께 쓰러진다.

세기의 악법, 금주법

영화 〈로우리스〉의 배경인 금주법은 1920년 1월 미국 전역에서 발효되었는데 1차 세계대전 후 식량 절약과 각종 범죄 예방이 목적이었다. 하지만 출발부터 문제가 많았다. 술에 대한 욕구 자체를 없앨 수는 없었기에 술은 음성적으로 거래되었고 그 이권을 마피아 등 갱단이 독차지하며 미국은 알 카포네 같은 갱스터들의 천국이 되어 버린다. 1920년대 동안 경찰은 2,000명 이상의 밀조자들을 사살했고, 그 과정에서 약 500명의 경찰이 목숨을 잃었다고 한다. 인간의 기본 정서를 무시한 악법이 얼마나 큰 혼란과 부작용을 초래하는지를 보여주는 웃지 못할 사례이다. 결국 금주법은 점차 유명무실화되었고, 1933년에 완전히 폐지된다.

너와 나의
바트나

협상

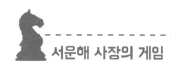

서운해 사장의 게임

이런 적은 없었다. 아무리 경기가 어렵던 IMF 때도 이 정도는 아니었다. 노조와는 한 번도 얼굴을 붉힌 적이 없었고, 의견이 엇갈려도 그저 막걸리 한 잔 하면서 얘기를 풀어갈 수 있었다. 서운해 사장 자신이 고생 꽤나 해본 사람이기 때문에 늘 노조의 얘기에 귀를 열고 잘 이해해주는 스타일이다. 노조도 사장을 자수성가해서 성공한 인생의 선배, 혹은 시골집 큰형님으로 여기는 분위기였다. 달달제과 역사에 노사갈등은 한 번도 없었고, 앞으로도 없어야 했다.

그런데 별로 존재감도 없던 젊은 녀석이 새로운 노조위원장이 되더니 분위기가 확 달라졌다. 아무리 회사의 어려운 사정을 설명해도 막무가내다. 명분도 없고 논리도 없고 그저 돈을 더 달라는 거다. 사실 회사 내에서 그다지 두각을 내지 못하던 이 친구가 노조위원장이 될 수 있었던 것도 오직 이거 하나, 직원들 월급을 올려주겠다는 공약 덕분이었다. 처음에 이 친구가 후보로 나왔을 때는 피식 웃고 말았다. 직원들도 생각이 있을 텐데 설마 이런 작자를 위원장으로 뽑지는 않을 거라고 믿었다. 허나, 사람 하는 일이 어디 기대했던 대로 된 적이 있었나.

물론 직원들도 나름대로 사정이 있을 게다. 집세는 사정없이 오르는데, 아이들 커가면서 돈은 점점 더 많이 들어가겠지. 학교에서는 도대체 뭘 하기에 과목별로 학원을 다시 보내야 하고, 방학 때 애들 기 안 죽이려면 영어스쿨도 보내야 할 테지. 스티브 잡스는 왜 시키지도 않은 일을 해서 식구마다 스마트폰 한 대씩 사줘야 하니 매달 통신비도 장난이 아닐 게다. 하지만 아무리 그래도 이런 자를 노조위원장에 앉혔다는 것은 도무지 이해할 수 없다. 이 자를 마주하고 있으면 노조를 대표하는 위원장인지 아니면 사장을 협박하기 위해 고용된 브로커인지 구분이 안 갈 정도다.

테이블에 앉자마자 덜컥 파업 얘기부터 꺼내는 위원장을 물끄러미 보면서 서운해 사장은 가만히 한숨을 내쉰다. 노사협상이 뭔가. 서로 입장을 들어보고 절충점을 찾는 게 협상 아닌가. 이 조그만 땅덩어리에 살면서 어쩌면 이렇게도 생각이 다를까. 사람 사이에는 해도 될 말이 있고, 해서 안 될 말이 있다. 매번 다툴 때마다 절교하고, 이혼하고, 호적 파가고 그러면 남아날 사람 한 명도 없을 게다. 같이 머리를 짜내도 시원찮을 판에 무조건 파업부터 하겠다면 어쩌자는 말인가. 요즘 같은 불경기에 파업하면 당장 적자로 돌아서고, 대단찮은 자본으로 버틸 수 있는 것도 잠깐일 테고, 그러면 결국 직원들 모두에게 피해가 가는 걸 몰라서 저러는 걸까.

그러고 보니 달달제과를 세운 지도 벌써 30년이 다 되어간다. 지금까지 직원들 출근하기 전에 제일 먼저 출근하고, 모두들 퇴근한 다음에 간단히 청소까지 해놓고 퇴근했는데, 이제 다 부질없다는 생각이 든다. 하나 있는 자식 녀석은 음악에 미쳐서 죽었는지 살았는지 코빼기도 보이지 않고…… 이제 다 정리하고 어디 한적한 시골에서 텃밭이나 하며 살고 싶다.

협상은 대결 아닌 설득의 과정

영화 〈랜섬(Ransom)〉(랜섬은 '몸값'이라는 뜻)에서 미국 메이저 항공사의 사장인 톰(멜 깁슨)은 아메리칸 드림을 실현한 성공한 사업가로서 언제나 매스컴의 주목을 받고 있다. 그의 아내 케이트(르네 루소)도 뉴욕에서 활발한 사회활동을 하는 저명인사다. 남부러울 것 없는 이들 부부에게 어느 날 불행이 닥친다. 돈을 노린 유괴범 일당에게 외아들이 납치되고 유괴범은 몸값으로 200만 달러를 요구한다.

톰은 아들을 되찾기 위해 돈을 준비해서 유괴범과의 약속 장소에 나간다. 그런데 접선하기로 했던 범인 일당 중 한 명이 FBI 매복 팀에 의해 현장에서 사살되면서 아들을 찾으려던 기대는 무산되고 만다. 구출 작전이 실패하자 톰은 전략을 바꾼다. 설령 몸값을 준다 한들 아들을 구하기는 힘들 거라고 판단하고 200만 달러를 몸값 대신 유괴범의 목에 현상금으로 걸어버린 것. 그러자 범인은 오히려 톰의 아내를 유인하여 테러를 가하고 몸값을 안 주면 아들의 목도 칼로 그어버리겠다는 잔인한 경고를 남긴다. 분노한 톰은 한술 더 떠 유괴범과의 사생결단을 선언하며 현상금을 400만 달러로 올린다. (참 대단하다.) 톰과 유괴범 사이의 팽팽한 기싸움, 최후의 승자는 과연 누가 될까?

게임이론에서 다루는 중요한 화두 중 하나가 협상이다. 혼자 무인도에서 살아가는 것이 아닌 이상 결국 세상 모든 일이 협상의 연속이다. 내가 원하는 목표 지점으로 상대방을 끌어오는 '설득'의 과정, 그것이 협상이다. 협상이 성공하려면 상대방이 진정으로 원하는 것이 무엇인지를 정확하게 파악해야 한다. 그래야 다양한 대안 개발이 가능하다. 하지만 막상 협상에 들어가면 이상하게 아드레날린이 솟구치면서 흥분하게 된다. 이기는 것 자체가 목적이 되면서 미친 듯이 달려든다. 자존심도 한몫 거든다. 마케팅 흥정이나 M&A 협상에서 어처구니없는 실수가 남발하는 이유이다.

파는 사람은 비싸게, 사는 사람은 싸게 사고 싶은 것은 인지상정. 서로가 동의할 수 있는 공통분모, 즉 합의가능 영역을 찾아내는 것이 협상의 요체다. 이때 협상의 요구(Position)와 욕구(Interest)를 찬찬히 돌아보면서 냉정해져야 한다. 눈앞의 요구에만 집착하다 보면 원래 협상에 임할 때 원했던 욕구가 무엇이었는지 잊는 경우가 많다. 갈증이 나니까 물이 필요하다고 해보자. 여기서 물은 요구일 뿐 진정한 욕구는 갈증해소이다. 물 한 잔을 앞에 놓고 상대방과 신경전을 벌이면 답이 없다. 대신 진정한 욕구인 갈증에 초점을 맞추면 얘기가 달라진다. 물 외에도 여러 가지 다른 갈증해소 수단을 떠올릴 수 있고, 이로부터 서로에게 도움이 되는 윈윈(Win-win) 협상의 길이 열린다.

회사 내부에서도 협상을 빼놓을 수 없다. 어느 조직이든 세대 간, 직급 간 갈등이 늘 존재해왔는데 이때 서로의 입장만 강조해서는 적개심만 쌓일 뿐이다. 결국 직장은 옳고 그르고를 따지는 공간이 아니라 공통의 이해를 향해 다양한 군상들이 모인 협상의 장(場)일 뿐이다. 기업 간 경쟁에 있어서도 중국의 추격과 선진업체들의 견제로 우리 기업들의 입지는 점점 더 좁아지고 있다. 이제 혈혈단신 뚝심으로 싸우던 시대는 지났다. 중국 대비 고가이고, 선진업체 대비 품질이 쳐져도 우리 제품을 사야만 하는 이유를 제시할 수 있어야 살아남는다. 이때도 가격과 품질을 넘어 구매자가 원하는 숨은 욕구(납기조건, 부대 서비스, AS, 장기 공급보장 등)를 파악하고 협상에 임하는 것이 핵심이다.

너와 나의 바트나는?

여자와는 협상하지 말라는 남자들 세계(?)의 불문율이 있다. 웬만해서는 그녀들을 이길 수 없다. 얘기가 좀 되는가 싶다가도 어느 순간 그녀들은 '아님 말고'라는 한 마디로 모든 걸 원점으로 돌려버린다. 여자들이 협상에 강한 비결이 바로 이것, 여차하면 협상을 무효화할 수 있다는 단호함이다. 협상이론에서는 이것을 바트나(BATNA: Best Alternative to Negotiated Agreement)라고 하는데, 정확하게는 협상이 결렬되었을 때 서로가 가진 차선책을 뜻한다.

협상을 하다 보면 그동안 쏟아 부은 시간과 노력이 아까워서 어떻게든 결론에 도달해야 한다는 강박관념을 갖게 된다(소심한 남자들이 대개 그렇다). 협상 시한이 정해져 있어 다급함을 내비치기라도 하면 더욱 불리하다. 이때 협상이 깨지더라도 손해 볼 것이 없다면(혹은 그렇다고 상대를 믿게 할 수 있다면) 거지반 이긴 거나 다름없다. 여자들은 협상이 결렬되어도 하나도 아쉬울 것 없다는 뜻을, 즉 외식을 안 해도, 여행을 안 가도 그만이고 다른 대안(바트나)도 많다는 메시지를 '아님 말고' 한마디로 선언해버리는 것이다. 그녀들이 제시한 조건에 단서를 달거나 조정을 시도하려고 하면 '싫음 관둬'라는 최후통첩까지 들어야 한다.

강력한 협상 기술 한 가지를 소개한다. 바트나는 협상력의 원천('믿는 구석')이자 마지노선이다. 노사협상에서 노조의 바트나는 파업에 돌입하겠다는 것이고, 사측은 공장을 폐쇄하겠다는 것이다. 어느 쪽 바트나가 더 현실성과 파괴력이 있는가에 따라 노사협상의 결과가 달라진다. 나와 상대가 각기 구사할 수 있는 바트나를 잘 파악하고 나의 것을 개선시키되 상대의 것을 약화시키는 것이 협상 성공의 비법이다. 협상 중간에 상대가 기분 나쁘지 않게 슬쩍 나의 바트나를 내비쳐보라. 만일 상대의 얼굴에 그늘이 지고 호흡이 가빠진다면 게임 끝이다. 그다음부터 내 페이스대로 밀고 나가면 오케이이다.

영화에서 톰의 바트나는 사실상 별 게 없었다. 협상이 깨져 아들이 죽기라도 한다면 무슨 소용이란 말인가. 하지만 톰은 현상금을 올려가면서 유괴범을 지구 끝까지 쫓아가 찾아내겠다는 단호한 의지를 보였고, 이것을 자신이 사용할 바트나라고 유괴범이 믿게 만들었다. 아슬아슬한 전략이긴 했지만 이로부터 톰은 승기를 잡을 수 있었던 것이다.

자, 영화의 결론. 톰의 결연한 의지를 확인한 유괴범 리더는 몸값을 받아내기는 글렀다고 판단하고 작전을 바꾼다. 동료 유괴범들을 FBI에 신고하고 자신은 아이를 구한 영웅으로 둔갑해 보상금 400달러를 챙긴다는 것. 이로써 협상은 타결 국면으로 접어들고 톰은 사랑하는 아들을, 유괴범은 엄청난 보상금을 얻는다(유괴범을 응징하고픈 관객들을 배려해서 영화는 우연한 계기로 진실이 드러나 유괴범이 체포된다는 사필귀정의 결말을 보여준다).

세상이 변하는데 노사관계도 바뀌어야

노사 문제에 선악의 구도를 들이대기는 곤란하다. 회사에 따라, 상황에 따라 다 제각각이기 때문이다. 민주화 이전 시절에는 아무래도 여론이 노조 쪽으로 많이 기울었다. 워낙 많이 착취당해왔기 때문이다. 하지만 그 이후 세상이 바뀌었다. 아직까지도 노사문제를 자본가 대 노동자의 대립 프레임으로만 바라보는 것은 현실과 맞지 않는다.

한 가지 확실한 것은 논리보다 감정이 앞서면 협상이 깨지게 되고, 그 경우 노(勞)와 사(使) 모두에게 큰 상처가 남는다는 거다. 길거리 접촉사고라면 목소리 큰 사람이 이길 확률이 높겠지만 노사협상에서는 그렇지 못하다. 더욱이 매년 한솥밥 먹는 사람들끼리 연례행사로 똑같은 협상을 반복해야 한다. 직원 모두의 밥줄이 걸린 노사협상, 엄포와 생떼 대신 논리와 이성이 필요하다. 이때 상대방이 양보할 수 있는 마지노선이 어디인지를 정확히 파악하고 그 범위 내에서 타협을 해야 한다. (필자만의 생각인지는 모르겠지만 한국어로 '타협'이라는 단어에서는 왠지 정정당당하지 못하고 은밀한 뒷거래의 뉘앙스가 풍기는 것 같다. 그래서 한국사회에서 협상이 어려운 건 아닐까?) 선만 넘기지 않으면 다양한 절충안을 찾을 수 있다. 또 이번에 양보하면 다음에 양보 받을 수도 있다. 어깨에 힘을 빼야 멀리 나간다.

키메라의 랜섬

영화 뒷얘기 한 가지. 〈랜섬〉은 실화를 바탕으로 했는데 한국 국적의 팝페라 가수 키메라가 그 주인공이다. 20, 30대에게는 생소한 이름일 텐데, 80년대에 꽤 히트했던 가수이다. 국내보다 해외에서 활동을 많이 했고 얼굴에 몽환적인 페이스 페인팅을 했던 것으로 기억된다.

키메라의 딸 멜로디가 다섯 살이었을 때 벌어진 유괴 사건은 당시 유럽 전역에 큰 화제였다. 범인들은 학부형으로 위장해 6개월 전부터 철저하게 범행을 계획했고 약 230억 원의 몸값을 요구했다고 한다. 키메라 부부는 범인들이 요구한 금액보다 더 큰 금액을 현상금으로 걸고 유괴범들과의 전쟁을 선포했다. 그 덕분인지 멜로디는 납치 11일 만에 안전하게 돌아올 수 있었다.

하루 이틀
장사

연속게임

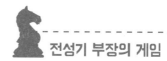

전성기 부장의 게임

전화벨이 울린다. 발신자 표시창에 마케팅본부 이번만 부장의 이름이 찍혀 있다. 이럴 때 '대략 난감'이라고 하는가 보다. 받을까 말까를 잠시 고민하던 전성기 부장은 덥석 수화기를 집어 들었다. 이 인간 전화는 빨리 받는 게 낫다. 피하다가 나중에 더 귀찮아질 수 있으니까. "어이, 전성기 부장님. 나, 부장 이번만인데 한 가지 작은 부탁이 있어서 말이야." 역시 이 인간은 아쉬운 소리 할 때만 전화를 한다. 그리고 꼭 자기 이름을 밝힐 때 부장 직함을 먼저 말한다. 스스로 부장이라는 게 대견스러워 매번 확인하고 싶은 모양이다. 존경하는 서운해 사장이 일생일대 단 한 번 실수한 게 있다면 바로 이 인간을 부장 자리에 앉힌 거다.

아무튼 이번만 부장의 용건인즉슨 마케팅본부에서 내년도 사업 계획을 짜야 하는데 그러려면 전 부장이 속해 있는 기획본부의 협조가 필요하다는 것이다. 구체적으로 말하자면 내년도 경영전략의 윤곽을 자기가 알아야 하니까 아직 미완성이더라도 작업 중인 버전을 내놓으라는 거다. 미친 XX. 세상이 자기 중심으로 돌아가는 줄 안다. 일단 윗분들과 의논해보겠다고 하고는 전화를 끊었다.

이번만 부장은 사내에서 알아주는 오리발이다. 아쉬울 때는 간이라도 빼줄 것처럼 달라붙다가, 일단 목적을 챙기고 나면 '저 아세요?' 하는 표정으로 돌변한다. 언젠가 마케팅본부 협조를 받을 일이 있어 이메일로 최대한 예의를 갖춰 자료를 요청한 적이 있다. 그런데 며칠이 지나도 끝끝내 답장을 안 하는 거다. 결국 자체적으로 해결하느라고 기획본부 전체가 초주검이 되어야 했다. 며칠 후 엘리베이터에서 눈에 띄기에 이메일 보셨느냐고 물었더니 끝끝내 자기는 받은 적이 없다고 우기는 거다. 어휴, 그러셔? 왜, 갑자기 UFO가 나타나서 그 이메일만 싹 지우고 다시 우주로 날아갔다고 하지. 지금이 어느 시대인데 보낸 이메일을 못 받았다고 우기는지 참.

전성기 부장의 머리가 복잡하다. '이 자를 도와줘야 하나 말아야 하나. 저도 인간인데 도와주면 나중에라도 단 한 번은 은혜를 갚지 않을까. 아니야, 애당초 그럴 인간이 아니지. 매번 속으면서도 또 이런 생각을 하다니 나도 참 한심하다. 한 번 속으면 실수, 두 번 속으면 바보라고 하던데 이참에 확실히 복수를 해버릴까.'

게임 한 번 하고 말 건가

게임이론에서 다루는 게임은 크게 일회성 게임(One shot game)과 반복게임(Repeated game)으로 나뉜다. 동일한 게임을 낯선 사람과 한

번 할 때의 결과와 같은 사람과 여러 번 반복해서 할 때의 결과가 다르리라는 것은 쉽게 짐작할 수 있다. 게임이 반복되면 이전 게임에서 관찰된 상대방의 성격과 행동 패턴, 그리고 전적(戰績) 등이 지금 나의 전략적 선택을 좌우하는 중요한 변수가 되기 때문이다.

크리스토퍼 놀란 감독의 영화 〈메멘토(Memento)〉는 기억의 축적 없이 매번 일회성 게임을 반복해야 하는 극단적 상황을 다룬다('메멘토'란 사람이나 장소를 기억하기 위한 기념품을 의미). 그 결과 관객들은 상식과 기대를 뒤엎는 놀라운 결과와 마주하게 된다. 전직 보험 수사관이었던 레너드(가이 피어스)에게 기억이란 없다. 자신의 아내가 눈앞에서 살해되는 순간 살인범과의 격투 중에 머리를 다친 그는 사고 이전의 일은 모두 기억하지만 사고 이후의 일들은 10분만 지나면 모두 잊어버리는 단기기억손실증 환자가 된다(완전히 기억을 잃어버리는 '기억상실증'과는 다르다). 그가 마지막으로 기억하는 것은 자신의 이름과 아내가 강간 살해당했다는 사실, 그리고 범인의 이름이 존 G라는 것이 전부다.

레너드는 아내의 살인범을 찾아 나서지만 쉬운 일이 아니다. 기억력 장애를 극복하기 위해 그는 온갖 방법을 동원한다. 묵었던 호텔, 방문한 장소, 만났던 사람을 폴라로이드 사진으로 찍고, 심지어 자신의 몸에 문신으로 메모를 해가며 기억을 더듬는 것이다. 그의 곁에는 나탈리(캐리 앤 모스)라는 웨이트리스와 부도덕한 경찰인 테디(조 판토리아노)가 늘 기웃거리고 있다. 그들은 레너드를 잘 알고 있는 듯하지만 레너드에게 그들은 10분만 지나면 언제나 새로운 인물이다. 나탈리는 테디가 범인임을 암시하는 단서를 보여주고, 테디는 절대 나탈리의 말을 믿지 말라는 조언을 한다. 과연 누구의 말이 진실일까?

레너드의 반복되는 게임은 우리의 일상과 직장에서도 쉽게 발견된다. 장사 하루 이틀 하고 말 것이 아니라면 회사 내에서 발생하는 일들은 거의가 반복게임이다. 어제, 오늘, 내일이 연속선상에 있다는 말이다. 그렇다면 그에 걸맞게 기억도 지속되어야 마땅하다. 허나 과연 그럴까?

과거의 기억을 활용하자는 취지에서 오래전부터 지식경영(Knowledge Management)이 강조되고 있다. 하지만 실상을 들여다보면 건수 채우기와 실적 부풀리기를 위한 피상적 정보가 대부분이다. '하늘 아래 새로운 것은 없다'는 말처럼 지금 회사가 당면한 문제는 이미 과거에 회사 내 누군가가 고민했던 문제일 공산이 크다. 그렇다면 거기에 대한 해답 찾기도 과거를 더듬는 것에서 출발해야 한다. 하지만 아무도 과거를 기억하지 못하고, 기억을 끄집어낼 수고를 자처하지도 않는다. 왜일까?

그럴 만한 유인이 없기 때문이다. 지금은 지식과 정보가 힘이고 돈이 되는 시대이다. 그렇다면 마일리지나 포인트 좀 얻겠다고 힘과 돈을 포기할 사람이 몇 명이나 되겠는가? 국내 모 포털 사이트의 지식인 검색에 등록된 정보는 대부분 초딩들이 장난삼아 올린 것이라는 우스갯소리가 있다. 시스템의 한계를 잘 보여준다. 아무리 경영의 시스템화가 중요하다고는 해도 직원의 머릿속에 기록된 정보(암묵지)와 가슴에 녹아 있는 경험들을 모두 끄집어낼 수는 없음을 직시해야 한다.

직원 개개인은 걸어다니는 기억 저장소

최근 기업체에서 강조하는 것 중에 하나가 협업이다. 기존에 갈등 관계에 있던 부서 간, 개인 간, 그리고 유관업체와의 협력을 통해 시너지를 얻자는 의도이다. 그런데 놓친 게 있다. 협업에 관한 대부분의 논의가 사실상 수평적 협업에 국한되어 있다는 사실이다. 시간 축을 넘나드는 수직적 협업, 즉 과거와의 협업이 더 중요할 수 있다.

임직원 한명 한명을 단순한 지식 매개체가 아닌 '걸어 다니는' 지식 저장소로 여기고 사람에서 사람으로 지식이 오가는 '인간적인' 지식경영을 실천해야 한다. 기계적이고 형식적인 정보들은 시스템화하되 세월의 무게와 고뇌의 깊이가 실린 정보는 임직원의 머릿속에 남겨 두어야 한다.

전통적인 선배와 후배(요즘 표현으로는 멘토와 멘티) 간 학습고리를 강화하면 지식 단절도 막을뿐더러 조직문화도 더 끈끈하게 하는 효과도 있다. '거인의 어깨 위에 앉아 멀리 본다'고 했던 아이작 뉴턴처럼 매번 제로베이스에서 시작할 것이 아니라 선배의 70~80점짜리 지식에서 출발해야 120~130점짜리 창조적 아이디어가 나올 수 있다.

다시 영화 이야기. 영화는 시간 순으로 진행되는 컬러 장면과 시간의 역순으로 진행되는 흑백 장면이 교차 편집되어 나아간다. 관객들에게는 매우 불친절하고 혼란스러울 수 있지만 영화는 인간의 기억에 대해 의미심장한 질문을 반복해서 던진다. 마치 관객들에게 '완전히 객관적인 기억이란 존재하는가' 그리고 '과연 당신의 기억은 얼마나 지속되는가'에 대해 끊임없이 질문을 던지는 것 같다.

그나저나 레너드는 결국 아내를 살해한 범인을 찾아낼 수 있을까? 여기에 대한 답은 영화를 보면서 독자 스스로 판단하고 '기억'할 것을 권한다. 영화 속 레너드의 대사처럼 기억은, 기록 아닌 해석일지 모르니까.

게임은 계속된다. 지금까지 그래왔고, 또 앞으로도 그럴 거다. 전성기 부장은 앞으로 이번만 부장과 지속적인 관계를 유지할 것인지, 아니면 이참에 완전히 관계를 정리할지를 먼저 결정해야 한다. 전자의 경우라면 감정을 누르고 도와주는 게 맞다. 단, 조건이 있어야 한다. 앞으로 다시는 배신을 하지 않겠다는 다짐을 받은 연후에 도와줘야 한다. 여러 사람(특히 윗사람)이 보는 자리에서 정식으로 부탁을 접수하고, 무엇을 얼마만큼 도와줬다는 거를 확실히 해놓는 것이 도움이 된다. 그래야 나중에 딴소리 못 한다.

후자의 경우라면 이것저것 따질 거 없다. 한국 기업들의 경쟁력을 갉아먹는 큰 이유 중의 하나가 온정주의다. 듣기에는 참 온정적으로 들리지만, 실상 적당주의와 보신주의의 다른 이름일 뿐이다. 적폐도 이런 적폐가 없다. 단호하게 거절하라. 물론 앞으로 이번만 부장에게 도움 받을 기대도 깨끗이 접어야 한다.

실패를 기억하라

조직의 기억력을 되살리는 방법으로 '실패학습'을 권한다. 개인이든 조직이든 성공 보다는 실패 기억에 취약할 수밖에 없다. 실패 경험은 되도록 외부에 알리지 않을 뿐만 아니라 내부에서도 쉬쉬하고 넘어간다. 망신스럽고 조심스러워 그저 잊고 싶은 것이다. 그런데 건설적 비판과 발전적 복기(復棋)가 없으면 개선의 여지는 사라지고 실패는 고착화된다.

회사마다 매번 똑같은 실패를 반복하는 이유가 여기에 있다(M&A에 유달리 취약한 회사가 있는가 하면, 제휴만 했다 하면 매번 싸움이 나는 회사도 있다). '선별적' 단기 기억손실증이라고 해야 할까? 미국의 GE나 보잉 등은 정례적으로 부서별 실패 경험을 공유하는 것으로 유명하다. 서로의 실패를 비난하거나 정략적으로 이용하지 않는다는 합의하에서, 건설적인 실패학습은 건강한 회사 전체가 한 단계 업그레이드되는 소중한 계기가 될 수 있다.

독한 확신과
서늘한 공포

벼랑 끝
전술

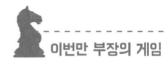

이번만 부장의 게임

일요일 저녁. 모처럼 가족들과 식사를 하면서도 이번만 부장의 머릿속은 복잡하기만 하다. 몇 달 전 허무한 전무에게 받은 숙제 때문이다.

"원료 가격은 계속 오르는데 매출은 제자리걸음이라서 큰 걱정이야. 그렇다고 과자 가격을 바로 올릴 수도 없는 노릇이고…… 아, 그런데 마케팅본부 이번만 부장은 별로 걱정이 안 되나 보네?"

흐~ 이런 반어법이 제일 무섭다. 그냥 '고민을 해봐'라고 하면 될 텐데, 말을 한 번 비틀었다는 것은 그만큼 전무의 심기가 비틀려 있다는 거다.

마케팅 방안? 문제는 쉬운데 답이 어렵다. 우리나라 제과업체들 모두 같은 고민을 안고 있다. 일전에 편법으로 포장은 그대로 두고 과자 양을 좀 줄였더니 '질소 과자'라는 조롱이 인터넷을 도배했던 적도 있다. 아, 어쩐다. 그래도 전무 지시인데 이렇게 계속 뭉개고 있을 수도 없고. 이제 어떻게든 대안을 만들어서 보고해야 할 텐데……. 얼마 전 복도에서 허 전무와 우연히 마주쳤는데 눈빛이 영 심상찮다. 노골적으로 닦달은 안 했지만 뭔가 인내심의

직장의 모든 일이 일사불란하게 진행될 것 같지만 그렇지 못한 경우도 흔하다.
상위 부서가 하위 부서 눈치를 봐야 하는 경우도 왕왕 있다.

한계 비슷한 게 전해졌다. 이제는 정말 시간이 없다.

그런데 아무리 생각해도 참을 수 없는 건 해외 마케팅 파트를 맡고 있는 나원래 과장의 태도다. 달달제과 마케팅본부에는 국내 파트와 해외 파트가 있는데, 이번만 부장은 주로 국내 파트 담당이고, 해외 파트는 나원래 과장 소관이다. 물론 직책은 이번만 부장이 높지만, 고참 과장인 나원래 과장과 공동으로 마케팅본부를 끌어왔던 거다. 이번만 부장은 전무의 지시를 받자마자 나원래 과장을 포함한 해외 파트 직원들에게도 대안을 마련해보라고 지시를 했다. 그런데 기껏 한다는 소리가 '그런 건 전무님이 직접 고민해야 할 일 아닌가요'였다. 그런 소리 전무 면전에서 직접 해보든지. 한술 더 떠서 '답을 알면 제가 회사 차리게요' 하는 녀석도 있었다.

자기네들이야 직접 깨질 일 없으니까 그따위 태평한 소리들을 하겠지만 이번만 부장은 생사가 달려 있다. 만일 이번에 버벅거리는 모습을 보여 전무 눈 밖에 나기라도 하면 상무 승진은 완전히 물 건너가는 거다. 아무래도 안 되겠다. 회사에는 엄연히 직위라는 게 있는 것이고, 상사에게 심각한 숙제가 있으면 직원들도 적극적으로 고민해야 하는 거 아닌가. 좋게 말하니까 사태 파악이 안 되나 보다. 얘들을 족치는 수밖에 없다.

저녁식사를 마친 이번만 부장은 설거지를 시작하면서 퐁퐁을 듬뿍 묻힌 스펀지를 불끈 쥐었다. '조만간 전무가 헐크로 돌변하기 전에 뭔가 승부수를 띄워야 해. 이번엔 진짜 해외 파트 애들하고 이판사판 결판을 내야겠어. 누가 이기나 함 보자구.'

벼랑 끝에서 펼치는 신의 한 수

영화 〈더 록(The Rock)〉에서 미국 해병대 장군 프란시스 허멜(에드 해리스)은 극비 작전을 수행하다 전사한 부하들에게 국가가 응분의 보상을 해줄 것을 호소한다. 부하들을 사랑하는 상관으로서 지극히 당연한 요구다. 허나 그렇게 되면 극비 작전의 실체가 공개되기 때문에 미국 정부는 허멜의 호소를 묵살한다. 이에 분노한 허멜은 뜻을 같이하는 해병대 부하들을 규합하여 정부와 맞장 뜰 계획을 세운다. 우선 과거 30년간 교도소로 악명 높았던 알카트라즈 섬을 장악하고 여기에 치명적인 생화학 가스가 장착된 미사일을 설치한다.

허멜은 정부의 보상이 즉각 시행되지 않으면 샌프란시스코를 향해 미사일을 발사하겠다고 위협한다. 진짜 쏠 기세다. 당황한 미국 정부는 타협이냐 제압이냐를 놓고 대책 회의를 거듭하다가 결국 제압 쪽으로 결론을 낸다. 최정예 특공대 네이비씰이 진압을 주도하고, 여기에 FBI 생화학무기 전문가 스탠리 굿스피드(니콜라스 케이지)와 과거에 알카트라즈 탈옥에 성공한 적이 있던 신비의 인물 존 메이슨(숀 코넬리)이 긴급 투입된다. 뜨거운 가슴을 가진 허멜과 차가운 이성으로 무장한 미 정부의 한판 대결, 과연 최종 승자는 누가 될까?

허멜 장군이 구사하고 있는 초식은 한마디로 벼랑 끝 전술이다. 과거 냉전 시절, 미국과 소련이 극한 신경전을 펼치면서 썼던 전략인데, 벼랑 끝(Brink)에서 같이 떨어져 '너 죽고 나 죽자'는 일종의 막가파식 땡깡 전략이다. 동네 불량배들이 무서운 것은 그들이 무림의 절대 고수여서가 아니라, 한번 회까닥하면 얼마만큼 막 나갈지 짐작할 수가 없기 때문이다. 벼랑 끝 전술이 먹히는 이유가 거기에 있다. 본래 협상은 진흙탕 게임이다. 서로 밀고 당기며, 어르고 달래며 각자에게 유리한 결과를 끌어내야 한다. 그렇기에 때로는 벼랑 끝에서 반쯤 미친 척하는 것이 좋은 전략일 수 있다(점잖으신 분들이 구사하기에 모양새가 썩 좋은 전략은 아니다).

최근 들어 벼랑 끝 전술로 가장 재미를 보고 있는 곳은 북한이다. 북한은 1990년대 이후 미국 등 국제사회와 핵 협상을 하면서 궁지에 몰린다 싶으면 여지없이 벼랑 끝으로 달려갔다. 우선 1993년에 핵확산금지조약(NPT)을 탈퇴하고 5MW급 원자로에서 핵 연료봉을 추출하는 초강수를 둠으로써(1차 핵 위기) 국제사회로부터 원하는 지원을 얻어낼 수 있었다. 이어 2002년에도 북한은 국제원자력기구(IAEA) 사찰단을 추방하고 또 다시 NPT 탈퇴를 선언하면서(2차 핵 위기) 협상을 유리하게 끌고 갔다. 그 후로도 대포동 미사일 발사, 천안함 공격, 연평도 포격 등 어처구니없는 도발을 일삼으면서 실리를 챙기고 있다.

게임이론 관점에서 볼 때 정신이 온전한 사람이 벼랑에서 뛰어내리겠다고 하면 먹히지를 않는다. '신빙성 없는 위협(Incredible threat)'이기 때문이다. 하지만 북한은 뭔가 다르다. 불확실성과 비합리성을 적절히 배합해가며 자신의 위협을 그럴 듯하게 만들고 있다. 2002년 부산 아시안 게임에 선수단과 (미녀)응원단을 보내는 것과 동시에 미사일 실험을 하는 식이다. 무슨 짓을 할지 아무도 예측할 수 없게 만든다는 점에서, 북한을 가히 벼랑 끝 전술의 달인으로 인정한다.

벼랑 끝 전술과 유사한 것이 배수진(背水陣)이다. 배수진 전략의 역사는 길다. 스페인의 코르테스는 단 500명의 병사로 남미의 아스텍 문명을 함락시킬 때, 병사들의 전투 동기를 극대화하기 위해 타고 온 배를 모두 수장해버렸다. 이래도 죽고 저래도 죽을 바에야 목숨을 다해 싸울 수밖에. 그보다 더 가까운 사례는 바로 한국 경제의 성장사이다. 배수진의 틀 위에 다져나간 역사라 해도 과언이 아니다. 대통령부터 배수진을 쳤다. 1960년대 박정희 대통령이 서독 정부로부터 차관을 빌릴 때 서독 정부가 주저하자 파독 광부와 간호사들의 임금을 담보로 걸었다는 것은 잘 알려진 사실이다. 빌린 돈을 반드시 갚겠다는 의지를 이보다 더 효과적으로 어필할 방법이 어디 있겠는가?

벼랑 끝 전술, 매우 위험할 수도

회사에서도 연봉을 올려달라거나 요직으로 옮겨달라고 상사나 인사부서와 담판을 시도하는 대범한 사람들이 있다. 여차하면 사표를 던지거나 상사의 치부를 폭로하겠다는 위협과 함께. 하지만 잘 생각해야 한다. 벼랑 끝 전술은 상대방에게 여차하면 진짜 벼랑에서 떨어질 거라는 독한 확신, 그리고 떨어져도 혼자 곱게 떨어지지는 않겠다는 섬뜩한 공포를 줄 수 있어야 통한다. 그런데 당신이 없어도 회사는 잘 굴러갈지(도) 모르고 상사의 치부라는 것도 실상 당신의 생각만큼 대단한 것이 아닐 수(도) 있다. 어쭙잖게 벼랑 끝 전술을 시도했다가는 얻는 것 하나 없이 요주의 '관심 사원'으로 찍히기 십상이다.

벼랑 끝 전술을 쓸 때 또 한 가지 유의할 점이 있다. 어느 순간 약발이 급격히 떨어질 때가 온다는 점이다. 철없던 시절에 새 신발이나 가방을 사달라고 생떼를 쓰다가 여의치 않으면 단식에 돌입했던 기억이 있을 것이다. 방문을 걸어 잠그고 한두 끼만 거르면 신발이든 가방이든 둘 중 하나는 쟁취할 수 있었다. 그러다 어느 순간, 무려 세 끼를 굶었는데도 아무 반응이 없을 때가 온다. 그때는 친부모가 맞는지를 의심해봤자 소용없다. 미련 없이 벼랑 끝 전술을 접고 다시 착한 아이로 돌아오는 것이 현명한 길이다.

같은 맥락에서 그동안 북한은 벼랑 끝 전술로 소기의 성과를 거두었다고 자족할지 모른다. 하지만 결과는 마이너스이다. 반복되는 벼랑 끝 전술로 인해 국제사회의 조롱거리가 되고, 미국과 한국의 대(對)북한 정책을 강경 모드로 선회하게 만들었다(이제 햇볕 구경은 끝났다). 특히 벼랑 끝 전술이 가져다주는 일시적인 단맛에 홀려 자생력을 키울 기회를 날려버린 것은 북한 입장에서 가장 뼈아픈 패착이라고 하겠다.

마지막으로 입장을 바꿔서 벼랑 끝 전술을 구사하는 상대를 만났을 때는 어떻게 하는 게 좋을지 생각해보자. 정답은 딱 하나, 절대 말려들지 않는 것이다. 한번 말리면 그야말로 늪이다. 우선 내가 양보할 수 있는 마지노선을 상대에게 확실히 인지시키고 그 이상은 절대로 물러서지 않겠다는 확고한 메시지를 전달하라. 그다음은 아무리 야단법석이 나도 눈 하나 꿈쩍하지 않아야 한다(이 부분이 어렵다). 가 끔씩은 그로 인해 생채기가 날 수도 있지만 장기적인 이득을 생각하며 감내해야 한다. 테러리스트와는 절대로 협상하지 않는다는 미국 정부의 전략적 일관성이 장기적으로 빛을 발하는 이유이다.

자, 다시 영화 이야기. 미국 정부가 특공대를 투입하는 순간 허멜 장군의 벼랑 끝 전술은 이미 실패한 것이다. 그의 목적함수는 샌프란 시스코를 파괴하는 것이 아니라 부하들에 대한 적절한 보상이었기 때문이다. 미국 정부의 매정함에 상심한 허멜 장군은 홧김에 샌프란 시스코를 향해 미사일을 발사하지만 곧 패배를 인정하고 미련 없이 발사 취소 버튼을 누른다. 벼랑 끝 전술, 마음 약한 분들에게는 안 어 울린다.

상사를 벼랑 끝까지 내몰지 말자

이번만 부장은 배수진을 쳐야 한다는 결심을 했다. 더 이상 기다리 고 봐주고 할 시간이 없기 때문이다. 이 부장은 월요일 오전 부서회 의에서 직원들을 모아놓고 중대 발표를 했다. "이번 주 목요일에 모 처럼 홍천으로 1박2일 워크숍을 가도록 하겠습니다. 허무한 전무님 께도 허락을 받았습니다." 아, 홍천! A투뿔 한우가 지천에 널려 있고, 송어회 접시가 날라 다니는 지상천국 홍천. 모두의 얼굴에 뽀사시하 게 생기가 돌았다. 바보 같은 녀석들. "이틀간 식사는 모두 도시락으로 때우고 숙소 외부 출입은 금지합니다. 판매 신장을 위한 획기적인 마케팅 방안을 내지 못하면 돌아오지 말라는 전무님 특별 지시입니다." 모두의 얼굴에 죽음의 그림자가 드리워졌다.

이 부장은 숨 쉴 틈을 주지 않고 계속했다. "그냥 하면 재미가 없으니까 이번에는 국내 파트와 해외 파트가 게임을 하는 형태로 진행할까 합니다. 각 파트에서 기획안을 하나씩 만들어서 최종적으로 이기분 상무께 하나를 골라달라고 하겠습니다. 물론 전무님께는 더 잘 된 기획안을 올릴 계획입니다." 두둥~~. 벼랑 끝 전술이 안개처럼, 아니 오로라처럼 펼쳐지고 있었다. 이번만 부장은 자신이 맡은 국내 파트와 나원래 과장의 해외 파트 간에 계급장을 뗀 진검승부를 제안한 것이다. 물론 국내 파트가 패할 경우 자신도 치명상을 입겠지만, 이런 극약 처방을 써서라도 획기적인 전략을 끄집어내겠다는 의도다. 그의 비장함에 회의실 공기가 파르르 진저리를 쳤다.

직원들의 질린 표정이 참 볼 만했다. 특히 그동안 자기 책임이 아니라고 실실거리며 다녔던 나원래 과장의 표정이 압권이다. 그러기에 예전에 좋게 말할 때 부지런 좀 떨지 그랬냐 말이다. "아, 그렇다고 너무 부담 갖지는 마세요(이 대목에서 이번만 부장의 목소리에 미세하게 리듬이 실렸다). 특히 해외 파트는 평소에 아이디어가 많았을 테니까 실력대로만 하면 제가 맡은 국내 파트를 능가할 수 있지 않겠어요?" 고개 숙인 나원래 과장의 얼굴이 붉으락푸르락 변해가는 것이 살짝 보였다. 아, 이래서 전무가 반어법을 즐겨 쓰는구나.

직장에는 직책, 직급이 있기 때문에 모든 일이 일사불란하게 진행

될 것 같지만 그렇지 못한 경우도 흔하다. 상위 부서가 하위 부서 눈치를 봐야 하는 경우도 왕왕 있다. 때문에 부서 갈등이 반드시 대등한 파워를 갖는 부서 간에만 발생하리라는 법은 없다. 특히 요즘에는 가급적 조직 내 계층 수를 줄이는 추세라서 부서 갈등이 훨씬 더 다채롭게 전개된다. (이런 점만 보면 예전의 '까라면 까' 시절이 그리울 때도 있다. 아, 아주 잠깐 그렇다는 말이다.)

벼랑 끝 감옥, 알카트라즈

영화 〈더 록〉의 배경이 된 알카트라즈(Alcatraz)는 미국 캘리포니아 주 샌프란시스코 만(灣) 가운데에 있는 작은 돌섬이다('알카트라즈'는 스페인어로 펠리컨이라는 뜻). 사방이 높이 40여 미터의 절벽으로 둘러싸여 있어 영화 제목처럼 '더 록(The Rock)'이라고 불린다. 남북전쟁 당시에는 연방정부의 요새로 사용되었고, 1933~1963년까지는 알 카포네 등 흉악범을 수감한 연방감옥으로 쓰였다고 한다. 주변의 조류가 매우 빠르고 수온이 낮아 탈옥이 불가능하다고 알려져 있다. 지금은 관광명소가 되어 페리를 타고 둘러볼 수 있는데 알 카포네가 감금되었던 독방도 볼 수 있다. 희망자에 한해 30초 동안 독방 체험도 시켜준다고 하는데 글쎄……

싸우면
전쟁터,

즐기면
놀이터

05

일단
파이를
키워라

포지티브섬
게임

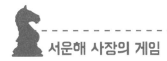

서운해 사장의 게임

서운해 사장은 요사이 새로운 고민이 생겼다. 임원들 간의 갈등 때문이다. 이미 인사팀을 통해 대강의 얘기는 전해 들은 바 있지만 생각했던 것 이상으로 심각한 모양이다. 서로 협조를 안 하는 건 물론이고 같은 대학 출신끼리, 또 같은 지역 출신끼리 몰려다니면서 세력을 구축하고 있단다. 서 사장 본인은 최종 학력이 중졸이고, 고향도 웬만한 사람들은 들어본 적도 없을 강원도 촌구석이어서 학연이고 지연이고 할 게 없다. 그래서 지금까지는 그런 걸 팔자 좋은 회사의 한심한 얘기로만 알았는데, 이제 달달제과에도 파벌 바람이 분 것이다.

유독 잘 뭉친다는 몇몇 대학이 있고, 삼국시대부터 싸워왔다는 앙숙 지역이 있는 건 안다. 그런데 달달제과의 학연, 지연은 좀 뜬금없다. 애초에 학연과 지연을 목적으로 파벌이 만들어진 게 아니라, 이미 사이가 나빠질 대로 나빠진 몇몇 임원들이 자기편을 키우기 위해 만든 것이기 때문이다. 이런 식이라면 꼭 대학과 지역이 아니어도 종교, 사는 동네, 스마트폰 브랜드가 같아도,

싸우는 것도 힘이 넘쳐서 그러는 거다. 그렇다면 차고 넘치는 열정을 분출시킬 새로운 놀 거리를 만들어줘야 한다. 놀 거리? 일 말이다.

아니 애들 다니는 학원이나 키나 체중을 가지고서도 패거리를 지을 분위기다. 기독교 대 불교파, 강북 대 강남파, 애플 대 갤럭시 파, 대성학원 대 종로학원파, 장신 대 단신파 등등으로 말이다.

30년 전 성북구 월곡동 반지하 공장에서 단 세 명으로 출발했을 때만 해도 이런 파벌이 문제가 되리라고는 상상도 못했다. 정상을 올려다보면 까마득하기만 한 걸음마 처지에 무조건 '돌격 앞으로'만 있었지 그 외의 것은 생각할 이유도, 여유도 없었다. 그런데 이제 작은 봉우리 하나를 점령했고, 직원 수만 해도 1,000명 가까이 된다. 그러다 보니 슬슬 서로 잘났다고 난리 법석을 치는가 보다. 하긴 봉우리가 비좁다 보니 서로 좋은 자리를 차지하겠다고 아옹다옹하는 게 어찌 보면 당연한 건지도 모르겠다.

그 와중에 웃지 못할 해프닝도 있다. 이기분 상무는 A대 출신, 한성질 상무는 B대 출신이어서 파가 갈리게 되었고, 말다툼이 거듭되면서 사이가 안 좋아질 대로 안 좋아졌다고 한다. 그런데 한 직급 더 높은 허무한 전무는 학벌이 변변치 않아서 지역을 가지고 편을 갈랐는데, 그래 놓고 보니까 앙숙인 이 상무와 한 상무가 같은 지역 출신이더란다. 허 전무가 주도한 향우회에서 두 사람은 테이블 양쪽 끝에 최대한 멀리 떨어져 앉아 술만 퍼 마셨다고 한다. 결국은 밥그릇 싸움인데 어느 밥그릇이 내 밥그릇인지 구분할 수 없는 '웃픈(웃기면서 슬픈)' 일이 벌어진 것이다.

소모적 갈등을 부르는 제로섬 게임

영화 〈카지노(Casino)〉의 주인공 에이스(로버트 드니로)는 천재적인 도박사이다. 15세 때부터 경마든 스포츠 배팅이든 뭐든 내기를 걸면 이기는 재주를 타고났다. 동물적인 감각에 더해 예리한 분석력까지 갖춘 덕분이다. 캔자스시티의 마피아 보스들은 그의 재주를 높이 샀고, 에이스도 상납을 게을리 하지 않으며 사랑을 듬뿍 받는다. (보스들? 이탈리아 마피아들은 종종 집단지도체제하에서 움직인다.) 하지만 재주에 비해 노는 물이 작았다. 도시 내 몇몇 도박사들끼리 빤한 시장을 놓고 경쟁하려다 보니 수익은 제자리이고 갈등은 심해질 밖에. 마피아 보스들은 통 큰 결단을 내린다.

보스들은 에이스를 전 세계 카지노의 성지인 라스베이거스로 보내고, 그곳에 있는 한 카지노의 관리를 맡기면서 맘껏 능력을 발휘할 것을 주문한다. 물론 속내는 에이스를 통해 상납 수입을 더 늘려보자는 것이다. 에이스는 기대에 어긋나지 않게 카지노의 수익을 몇 배로 높이는 한편 고향의 보스들을 챙기는 것도 결코 소홀히 하지 않는다. 조직 내에서 그의 입지는 점점 굳어지고, 매력적인 금발의 콜걸 진저(샤론 스톤)를 만나 결혼까지 하면서 전성기를 맞는다. 역시 사람은 큰 물에서 놀아야 한다.

도박 영화를 꺼낸 이유는 게임이론의 하나인 제로섬 게임(Zero-sum game)을 설명하기 위해서다. 제로섬 게임은 한쪽의 이득과 다른 쪽의 손실의 합이 제로(0)가 되는 게임을 일컫는다. 즉, 내가 10을 얻으면 상대가 10을 잃고, 상대가 10을 얻으면 내가 10을 잃게 되는 게임이다. '너 죽고 나 살자' 식이다. 게임 참여자 간의 이해득실이 적나라하게 갈리기 때문에 제로섬 게임은 통상 치열한 대립과 경쟁을 부른다. 스포츠가 특히 그렇다. 룰 자체가 승자와 패자를 가르는 것이기 때문에 선수들은 승리를 거머쥐기 위해 안간힘을 쓰게 된다(종종 무승부가 나기도 하지만 시간 제약만 없다면 언젠가는 승부가 날 수밖에 없다).

제로섬 게임은 국가, 사회, 기업을 서서히 고사시킨다. 전체 부와 가치를 높이는 데는 기여하지 못하고 결국 곳간을 바닥내기 때문이다. 제로섬 게임의 덫에서 빠져 나오기 위해 흔히 게임 참가자 간의 신뢰, 이해, 양보 등이 거론되는데 말은 좋지만 그다지 솔깃한 방법은 아니다. 시간이 흐르면 누군가 욕심을 부리는 쪽이 생기게 마련이고, 그러면 또 다시 새로운 제로섬 국면에 빠지게 되기 때문이다. 궁극적인 해법은 파이를 키우는 것밖에 없다. 게임 구도를 제로섬에서 포지티브섬(Positive sum)으로 바꾸자는 것이다.

크게 될 사람은 큰물로 보내라

영화에서 마피아 보스들은 에이스라는 인재를 제로섬 테두리에 가두는 대신 더 큰 세상에서 포지티브섬 게임을 하도록 했다. 역시 보스들은 안목이 다르다(영화의 스토리와는 별개로 도박만 따로 떼어서 생각한다면 사실 도박은 네거티브섬 게임이다. 하우스 주인만 배를 불리고, 참가자들 모두 마지막에는 돈을 잃게 된다). 제로섬 국면에서 파이를 나누는 데 쏟을 노력이면 파이를 키우는 방법을 찾는 것도 충분히 가능하다. 실리콘밸리의 열혈 벤처들은 죽어가는 미국 경제에 새로운 먹거리를 계속 공급한다. 성장이 주춤해진 중국도 알리바바나 샤오미 같은 기업들이 나타나 새로운 돌파구를 열어간다. 이들이 포지티브섬 게임을 주도하는 것이다.

1980년대 콜라 시장처럼 제한된 고객을 놓고 점유율 경쟁을 벌이는 것은 제로섬 게임이다. 그럼 산업 자체가 핏빛(레드오션)으로 전락한다. 그러나 목표 시장을 콜라에서 주스, 생수, 커피 등 전체 음료 시장으로 넓히면(실제 코카콜라가 이렇게 했다), 혹은 음료와 어울리는 패스트푸드 등으로까지 확장하면(펩시콜라의 전략이다) 완전히 새로운 블루오션이 열린다. 자동차 부품업체와 조립업체가 납품 단가를 놓고 실랑이를 하는 것은 제로섬 게임이다. 그러나 두 업체가 힘을 합쳐 부품의 품질을 높이고 단가를 낮추는 방안을 찾아내면 자동차 매출도 늘고 부품 매출도 는다. 너도 살고 나도 살게 되는 것이다. 프로야구는 남성만을 위한 스포츠인가 여성도 참여하는 레저인가? 레스토랑은 외식사업인가 오락사업인가? 호텔은 숙박시설인가 문화시설인가? 세상을 보는 시각이 어떠한가에 따라 게임의 결과가 달라진다.

기업에 성장이 필요한 이유도 그렇다. 성장은 제로섬을 포지티브섬으로 바꾸는 놀라운 힘이 있다. 기존 사업에서 수익이 계속 발생한다 해도 끊임없이 영토를 넓히고 신사업을 추구해야 한다. 성장이 멈추면 대수롭지 않던 온갖 갈등들이 고개를 들고, 조직은 소모적인 제로섬 게임에 휩쓸려버린다. 제한된 (임원) 자리를 놓고 충성경쟁 시키기보다 직원들의 움츠러드는 역동성에 불을 지필 방법을 찾아야 한다. 일본인들이 많이 기르는 관상어 중에 코이(Koi)라는 잉어가 있다. 코이는 작은 어항에서는 10센티미터도 채 자라지 않지만, 연못에 넣어 두면 20센티미터, 강물에 방류하면 1미터까지 자란다고 한다. 직원들을 어항에 가두면 아무리 S급 인재라도 영영 미생(未生)에 그친다. 더 큰 바다로 내몰아야 미국의 스티브 잡스, 일본의 손정의, 중국의 마윈이 나온다.

군대는 잠시도 병사들이 앉아 있는 꼴을 못 본다. 끊임없이 일을 만들어서 병사들을 움직이게 한다. 왜냐고? 인간은 생각하는 동물이라서 그렇다(고 군대는 생각한다). 몸이 편하면 자꾸 딴생각을 하게 되고, 그러다 보면 사소한 시비가 발생하고, 이게 쌓이면 자칫 큰 사고로 이어질 수 있기 때문이다. 잡초도 뽑고 내무반도 청소하고 그러다 정 할 일이 없으면 축구를 시킨다. 그것도 지겨우면 땅을 파게 한다. 땅을 다 판 후에는? 다시 묻게 한다.

서운해 사장은 더 이상 두고 볼 수만은 없다고 결론을 내렸다. 임원 한 명씩 불러서 야단치고 타이른다고 될 일이 아니다. 싸우는 것도 힘이 넘쳐서 그러는 거다. 그렇다면 임원들의 차고 넘치는 열정을 분출시킬 새로운 놀 거리를 만들어줘야겠다. 회사에서 놀 거리가 뭐 있겠나. 일밖에 더 있겠나.

이기분 상무에게는 그동안 머릿속에서만 맴돌았던 신사업 프로젝트를 맡겨야겠다. 지금까지 세상에 존재하지 않았던 블루오션 아이템을 찾아야 하니까 아마 맨땅에 헤딩 좀 해야 할 게다. 한성질 상무는 이번에 새로 개방된 미얀마에 보내서 도소매 유통망을 구축하라고 해야겠다. 인프라가 워낙 열악할뿐더러 전 세계 제과 업체들이 모두 눈독을 들일 게 빤한 만큼 고생깨나 해야 할 게다. 설마 미얀마 사람들과도 학연, 지연을 만들지는 못하겠지.

'맞아. 진작 이렇게 할 걸 그랬어. 야생마 같은 임원들을 좁은 우리에 가둬놓았으니 답답하고 스트레스 쌓이고, 그걸 풀려고 서로 으르렁거렸던 거야. 바람처럼 왔다가 이슬처럼 가고 싶은 사람이 어디 있겠어. 임원들은 죄가 없어. 사장인 내가 나태했던 게 문제야.'

한국인은 제로섬 민족인가

최근 들어 대한민국의 미래를 걱정하는 목소리가 부쩍 늘었다. 선진국 진입을 코앞에 두고 국가 전체가 제로섬 게임에 빠져 한 걸음도 나가지 못하는 모양새다. 정치권에서는 여야가 사사건건 대립을 하고, 사회에서는 이익집단들 간에 물러설 줄 모르는 주장이 부딪친다. 경제는 대기업과 중소기업 간의 영역 다툼이 그칠 줄 모르고, 회사에서는 노(勞)와 사(社), 정규직과 비정규직이 밥그릇 싸움에 열중하고 있다. 마치 우리 사전(辭典)에 타협이란 없다고 믿는 사람들처럼 한 치의 양보도 없다.

머리가 좋은 민족이어서 그런지 우리는 시시비비(是是非非)의 프레임에 갇혀 제로섬 게임에 너무 쉽게 빠지는 것 같다. 역사를 봐도 그렇다. 조선시대 역사의 상당 부분은 동인/서인, 남인/북인, 소론/노론, 시파/벽파, 친일/친미/친중/친러파 간의 반목이 차지한다. 돌이켜 보면 왜 그렇게 파벌 싸움을 해야 했는지, 국가사회 발전에 무슨 소용이 있었는지 도무지 납득이 가지 않는다. 지금도 그렇다.

한 수 앞을
읽어라

역추론

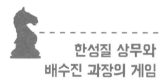

한성질 상무와
배수진 과장의 게임

한성질 상무가 또 시작이다. 삼촌 같은 의젓함도 좋고, 카리스마가 있는 것도 좋다. 하지만 슬슬 성질을 내다가 한두 마디 독설이 튀어나오나 싶으면 걷잡을 수 없이 폭발하는 게 문제다. 이쯤 되면 자기가 한 말에 자기가 흥분하면서 정신줄을 놔버린다. 전문의의 상담이 필요한 분노조절 장애가 틀림없다.

불경기를 극복하기 위해 부서별로 경비절감 방안을 내야 하는 아이디어 회의였다. 처음에는 웃으면서 좋게 시작했다. "어휴, 어쩌겠어. 지금이 워낙 그렇잖아. 이런 회의가 다 우리 먹고살자고 하는 거 아니겠어. 그러니까 참신한 아이디어 하나씩 얘기 좀 해봐." 제삼자가 보면 온화하기 그지없지만 참석자들에게는 살 떨리는 순간이다. "경비절감을 위해 자진 퇴사하겠다는 그런 감동적인 거는 말고, 허허허." 다들 태연함을 가장하며 3초 정도 따라 웃었다. 그러고는 뚝.

얼마나 시간이 흘렀을까. 한성질 상무가 다시 말을 시작했다. 아까와 달리 약간씩 더듬거리고 시선도 불안정하다. "허, 이 친구들 좀 봐. 너무 심란, 아니 심각한 거를 고민하나 보네. 근사하고 거창하고 복잡하고 뭐 그런 거 말고, 쉬운 거, 아주 쉬운 거가 좋잖아." 쉬운 거 좋아하시네. "뭐, 수도 아끼자, 아니 미안, 실수. 하하. 수돗물 아끼자 전깃불 아끼자 이런 것도 좋으니까 허 낯낯하게 한번 얘기해봐. 허허." 허달하게? 허심탄회겠지. 좀 전보다 훨씬 더 고밀도의 침묵에 갇혀 회의실 공기가 미동조차 않는다. 누군가 침 넘기는 소리, 두둥 두둥 하는 심장박동 소리도 들린다.

배수진 과장은 사자 앞에 앉은 상처 입은 가젤처럼 구석에 웅크리고 있다. 사실 그녀에게는 한성질 상무가 딱 좋아할 만한 아이디어가 하나 있긴 하다. 회사에서 운영하는 셔틀버스가 석 대 있다. 그런데 작년에 회사 근처에 들어선 신도시로 직원들이 대거 이주했는데도 셔틀버스는 여전히 석 대가 운영되고 있다. 텅텅 빈 채로 말이다. 지역별로 아침 픽업 시간을 약간만 조정하면 두 대면 충분하고, 잘하면 한 대로도 족할 수 있다. 돈이 얼마나 절약될지는 따져봐야겠지만 아무튼 당장 효과를 볼 수 있는 참 괜찮은 아이디어가 분명하다.

그런데 지금 이 얘기를 꺼내는 게 좋을지, 아니면 끝까지 침묵하는 게 좋을지 확신이 안 선다. 배 과장은 가만히 마음속으로 경우의 수를 따져본다. '자, 우선 내가 얘기를 꺼내면, 한 상무는 이렇게 할 거고, 그럼 다른 직원들은 또 이렇게 할 거고, 그러면 나는 다시 이렇게 하고.' 아아, 뭐라도 말은 해야 할 텐데. 머리가 지끈거린다.

시간을 넘나드는 생각의 마법

지금 알고 있는 걸 그때도 알았더라면. 돌아보면 모든 게 안타깝고 후회스러운 일투성이다. 만일 나이를 거꾸로 먹어간다면 좀 낫지 않을까? 영화 〈벤자민 버튼의 시간은 거꾸로 간다(The curious case of Benjamin Button)〉는 이렇듯 지나간 시간에 대한 회한과 안쓰러움을 다룬다.

1차 세계대전이 막바지로 치닫던 1918년 여름, 미국 뉴올리언스의 어느 가정집에서 아기가 태어난다. 그런데 가장 경사스러워야 할 그 순간이 돌연 상상하기조차 끔찍한 저주의 순간으로 바뀐다. 산모는 난산으로 세상을 떠나고 간신히 살아남은 아기 벤자민 버튼(브래드 피트)은 80세 노인의 얼굴을 하고 있다. 분노와 고통에 휩싸인 아버지는 아기를 양로원 현관 앞에 내다 버린다.

그런데 더욱 놀라운 일이 발생한다. 양로원 노인들의 보살핌 속에 삶을 이어가던 벤자민의 얼굴이 해가 갈수록 젊어지는 게 아닌가. 나이를 거꾸로 먹고 있는 것이다. 이제 열두 살이 되어 60대쯤의 얼굴을 갖게 된 벤자민은 어느 날 양로원에 놀러 온 여섯 살 소녀 데이지(케이트 블란쳇)와 마주친다. 첫눈에 데이지에게 사랑의 감정을 느끼지만 자신의 괴이한 운명 앞에 체념할 수밖에. 벤자민은 그녀의 푸른 눈동자를 오래도록 마음속에 간직하는 걸로 만족한다.

시간이 흘러 데이지는 뉴욕의 잘나가는 무용수가 된다. 그리고 나이를 거꾸로 먹은 벤자민은 이제 의젓한 바다 사나이가 되었다. 서로의 나이가 엇비슷해지는 인생의 그 짧은 순간에 그들의 운명은 극적으로 교차하며 사랑의 열매를 맺는다. 하지만 슬픈 결말이 예정된 불행한 사랑이다. 서로를 만지고 응시하는 매 순간 벤자민은 더욱 젊어지고 데이지는 점점 늙어간다. 두 사람은 차라리 만나지 말았어야 했을까?

시간은 과거에서 현재를 거쳐 미래로 흘러간다. 그게 자연의 법칙이고 예외는 없다. 하지만 최소한 머릿속으로는 시간을 거슬러 갈 수 있다. 성공한 사람들은 대개가 먼 훗날 자신이 원하는 모습을 미리 그려놓고 거기에 도달하기 위해 지금 이 순간 어떤 행동을 해야 할지를 결정했다고 한다.

시간을 거슬러 오른 것이다. 바둑이나 체스에 등장하는 수(手)읽기도 마찬가지다. 이창호 9단 같은 절정의 고수는 1분에 100여 수를 내다본다고 한다. 머릿속에서 100번의 공격과 수비를 시뮬레이션 한 후에, 수순을 거꾸로 돌려 지금 이 순간 최선의 수를 정하는 것이다.

경쟁을 기본으로 하는 비즈니스에서도 수읽기가 필수다. 다만 몇 수를 내다보느냐가 관건일 텐데, 한치 앞을 내다보지 못했다는 말이 종종 들리는 걸로 봐서 비즈니스 수읽기가 그리 신통한 것 같지는 않다. 예를 들어보자. 중소 부품업체 A사가 완제품 조립업체 B사에 부품을 공급하고 있다. 그런데 어느 날 완제품 쪽 마진이 훨씬 높고 기술적으로도 별게 아니라는 사실을 알게 되었다. 지금까지 부품 대느라 고생은 혼자 다 했는데, 알고 봤더니 실제 재미는 B사가 봐왔던 것이다. 이대로는 안 되겠다 싶어 이참에 아예 완제품 사업에 뛰어들까 한다. 부품도 팔고 거기다 완제품까지 조립해서 팔면 꿩 먹고 알 먹는 게 따로 없지 싶다. 자, 당신이 A사 사장이라면 어떻게 하겠는가?

비즈니스는 수읽기 싸움

게임이론에는 가위바위보처럼 경쟁자들이 동시에 의사결정을 하는 동시게임(Simultaneous game)과 바둑이나 체스처럼 한 명씩 순서대로 의사결정을 하는 순차게임(Sequential game)이 있다. 실제 비즈니스에서 관찰되는 많은 게임이 순차게임의 형태를 띠는데, 이 경우 서로의 공격과 방어가 순차적으로 맞물려갈 때 궁극적으로 어떤 결과가 나타날지를 미리 점쳐보는 게 중요하다. 그리고 거기서부터 거꾸로 따져 지금의 최적 행동을 결정해야 한다. 이러한 기법을 게임이론에서는 역추론(Backward induction)이라고 부른다.

만약 어떤 신문사에서 미인 선발대회를 열어 100명의 후보 가운데 6명의 미인을 인기투표로 선정하는데 이를 맞힌 사람에게는 엄청난 당첨금을 준다고 하자. 그러면 어떻게 골라야 할까? 영국의 경제학자 케인즈의 답은 이렇다. 자신이 가장 예쁘다고 생각하는 얼굴 말고 대다수의 사람들이 예쁘다고 생각할 얼굴을 고르라는 것이다. 나의 주관에 관계없이 가장 많은 표를 얻은 미인이 당선될 것이기 때문이다. 다른 사람들의 생각을 미리 읽고 거기에 맞게 나의 최적 행동을 결정하는 것이 역추론의 기술이다.

A사 사장 얘기로 돌아가자. 당신이 A사 사장이라면 순간적인 충동에 휩쓸릴 것이 아니라 자신의 행동이 가져올 파장을 잘 살펴야 한다. 완제품 시장에 진입했더니 B사가 발끈해서 부품 주문을 끊어버리면 어떻게 될까? 혹은 B사가 노발대발하면서 역으로 부품 시장에 뛰어든다면 경쟁구도는 또 어떻게 펼쳐질 것인가? 그동안 잠자코 있던 C사까지 A, B 두 업체의 행동에 자극 받아 나름의 행동에 나선다면 또 어떻게 되겠는가? 아, 머리 아프다. 하지만 긁어 부스럼 꼴 당하지 않으려면 가능한 모든 시나리오를 최대한 꼼꼼히 따져봐야 한다.

최근 벌어졌던 가장 흥미 있는 수읽기 판은 삼성전자 대 애플의 특허전(戰)이다. 애플이 먼저 특허소송을 제기하니까 삼성은 불과 일주일 만에 맞소송으로 나선다(사전에 대비하고 있었다는 뜻이다). 애플이 삼성의 갤럭시 판매금지 소송을 하니까 삼성은 무효 소송으로 대응한다. 애플이 반도체 주 공급선을 바꾸겠다는 소문을 흘리니까 삼성은 두 기업은 '경쟁이자 협력관계'라며 코웃음 친다. 정보통신 무림의 두 고수들 간 다음 수순이 어떻게 될지 은근히 기대된다. 한 가지 확실한 점은 상대보다 단 한 수라도 먼저 내다보고 대비하는 쪽이 최후의 승자가 될 거라는 사실이다.

영화에서처럼 노인으로 태어나 삶을 거꾸로 거슬러간다면 과연 더 완벽한 삶이 될까? 그보다는 순리를 따라 늙어가되 매 순간 역추론을 통해 즉흥적이고 어리석은 실수에 대비하며 사는 삶이 더 드라마 틱할 것 같다. 결국 삶이란 정답을 향해 달려가는 수학보다는 끊임없 이 지우고 고쳐 써야 하는 철학에 더 가까운 법이다. 살면서 접하는 크고 작은 사건들, 그리고 수많은 만남과 이별을 통해 한 페이지씩 채워가는 것이 인생을 사는 재미일 듯싶다.

짬밥이 쌓일수록 수읽기는 늘어가는데

배수진 과장이 이타주의로 똘똘 뭉친 사람이라면 선택은 자명하 다. 수읽기 따위는 약삭빠른 사람들이나 하는 속 좁은 짓이다. 이것 저것 따질 것 없이 회사를 위해 좋은 아이디어를 내면 된다. 뒷감당 은 그다음 일이다. 그런데 만약 배 과장이 소심하고 남의 이목 두려 워하고, 특히 억울한 일을 당하면 잠 못 이루는 '보통' 사람이라면 얘 기는 달라진다. 수읽기는 필수다.

배 과장이 아이디어를 얘기하면 상무는 입이 째지게 좋아할 거다. 다른 직원들은 숨 막히는 침묵의 바다에서 자신들을 구해준 (여자) 모세를 만난 표정을 지을 게다. 그럼 상무는 "역시 배수진 과장이 최 고야. 정말 훌륭해. 내가 배 과장 입사할 때부터 눈여겨 봤다니까"라 고 할 거다. 다른 직원들도 덩달아 항상 배 과장을 흠모해왔다는 둥, 배 과장이 없으면 지구는 누가 지킬지 걱정이라는 둥 입방정을 떨어 대겠지. 다시 상무는 "이거보다 더 좋은 다른 아이디어 없지? 그래,

그럼 이걸로 하자구" 하면서 전원일기 이장 같은 너털웃음을 웃겠지.

끝이 아니다. 자리에서 일어나려던 상무는 갑자기 생각난 듯 "아, 그럼 리포트는 누가 쓰는 게 좋을까"라며 주위를 둘러볼 거다. 정말 궁금해 죽겠다는 천진난만한 표정으로 말이다(이 순간 상무는 절대 배 과장과 눈을 마주치지 않는다). 그럼 모든 직원들이 일제히 배 과장 쪽을 쳐다볼 거고, 그럼 상무는 큰 발견이나 한 듯이 "아, 맞아. 아이디어 낸 사람이 리포트 쓰는 게 제일 좋겠지. 배 과장. 한번 해봐. 기왕이면 새로운 셔틀버스 노선과 시간표도 근사하게 그려 넣어봐" 할 거다.

상무는 출입문 손잡이를 반쯤 돌리다 말고 "너무 부담 갖지 말고 천천히 해봐. 내일 출근시간 전까지만 하면 돼"라고 하며 회의실을 나갈 테고, 그 순간 다른 직원들의 얼굴 표정이 싸~악 변할 거다. 방금 전의 블링블링했던 눈빛은 온데간데없고, 대신 질투와 비아냥거림이 적당히 버무려진 싸늘한 미소를 날릴 게다. 어디선가 "그래, 혼자 튀니까 좋겠다. 아이디어가 넘쳐서 회사 일 혼자 다 하겠네"라는 환청이 들릴지도 모른다. 배 과장은 오늘도 밤샘 같은 야근, 혹은 야근 같은 밤샘을 해야 한다. 당장 월급이 오르는 것도, 승진이 기다리는 것도 아닌데 말이다.

여기까지 수를 읽은 배 과장은 마음을 굳혔다. 그래 젊어 고생은 사서 한다는데……. 오늘은 어디 한번 침묵수행을 해보자. 맞아, 지난번에도 워크숍 행사 아이디어 냈다가 장소 섭외하고 식당 예약하느라고 죽을 뻔했어. 저 봐, 다른 애들도 모두 어금니를 꽉 깨물고 있잖아.

중고등학교 때 우등상은 못 탔어도 선행상은 한 번도 거르지 않았던 배수진 과장. 그녀는 이제 서서히 수읽기에 도통한 진짜 직장인이 되어가는 중이다. 그녀에게 돌을 던지고 싶은 자, 돌 대신 아이디어를 던지시라.

스와치의 실수

스위스 시계업체 스와치(Swatch)는 시계에 패션 요소를 가미한 온갖 컬러풀한 시계로 성공한 케이스이다. 스와치라는 사명도 '두 번째 시계(Second watch)를 장만하라'는 의미에서 정했을 정도다. 그런데 패션시계의 성공에 탄력을 받아 본격적으로 패션사업에 뛰어든 것이 화근이었다(앞의 A사 사례를 빼닮지 않았는가?). 공연히 잠자는 사자들(전통 명품 패션업체들)을 자극해서 패션사업에 실패했을 뿐 아니라 이들 명품업체들을 시계시장에 끌어들이는 최악의 결과를 초래하고 만다.

결코
손해 없는
투자

레퓨테이션

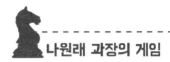

나원래 과장의 게임

'화병(火病): 우울감, 불면, 피로, 식욕저하 등의 증상 외에 갑작스럽게 금방이라도 죽을 것 같은 공포를 느끼기도 하며, 숨 쉬는 것이 답답하고 가슴이 뛰는 증상이 나타난다. 또 소화가 잘 안 되거나 명치에 뭔가 걸려 있는 듯한 느낌을 주기도 하며, 몸 여기저기에 통증이 지속되는 경우도 있다.'

아, 이거였구나. 나원래 과장은 네이버 지식검색 결과를 보면서 그동안 자신을 괴롭혔던 원인 모를 병의 정체를 파악했다. 화병이 시작된 날짜와 시간도 정확히 기억한다. 바로 금년 3월 25일 11시 30분. 절기로는 분명 봄인데도 간간히 눈발이 날리는 춘래불사춘의 바로 그 날, 경력직 신입직원 엄언아 대리가 마케팅본부 고참인 나원래 과장에게 배속되었다.

인사도 하는 둥 마는 둥 하고 사무실 여기저기를 기웃거리는 것부터 심상치 않았다(구김살 없이 자란 애구나). 그러더니 슬슬 옆자리 선배들에게 말을 걸기 시작했다(숫기도 좋은가 보네). 점심을 먹고 나서는 아예 여기저기 다니며 선배들 얘기에 끼어들고 슬슬 말참견까지 시작했다(무서운 분이다). 아, 그렇다

직장에서 한번 뱉은 말은 자꾸 살이 붙으면서 무서운 흉기가 된다.
다른 사람, 그리고 그 가족의 밥줄을 끊을 수 있다는 말이다.

면 혹시? 왜 슬픈 예감은 틀린 적이 없는 걸까. 그렇다. 그녀는 뒷담화가 특기고, 불평불만이 취미인 빅마우스(Big mouth)였던 것이다.

그녀가 오고 나서 얼마 지나지 않아 여기저기서 이상한 소리가 들리기 시작했다. 나원래 과장 팀 분위기가 냉랭하다느니, 나원래 과장이 승진 욕심에 눈이 멀어 이기적으로 행동한다느니 하는 허무맹랑한 말들이었다. 급기야 신참인 엄 대리의 공을 나 과장이 가로챘다는 얘기까지 들렸다. 뭐지? 신참에게서 가로챌 만한 공이 뭐가 있었나?

발신지는 모두 엄언아 대리. 나 과장은 병장 말년 때 관심병사 신병을 받으면 기분이 이렇겠구나 싶었다. 기가 막혔다. 하지만 떨어지는 낙엽도 조심해야 하는 법, 섣불리 야단치거나 해서는 안 된다. 또 나이도 아직 어리고 물정도 모르는 철부지 아닌가. 그녀의 공주병 걸린 얘기를 믿을 사람은 회사 내에 단 한 명도 없을 거라며 마음을 진정시켰다. 그런데 급기야 나원래 과장이 사장 욕을 많이 한다느니 하는 흉측한 얘기까지 지어내 떠벌리고 다니는 게 아닌가. 모골이 송연해진다는 말을 이럴 때 하는가 보다. 직장이 어떤 곳인가? 소문 한번 이상하게 나면 그걸로 끝이다. 진위 여부를 떠나 남의 입에 오르내리는 것 자체가 마이너스다. 도대체 엄언아는 무슨 억하심정으로 이러는 걸까. 도대체 얘를 어찌 해야 하나.

참다 참다 못한 나 과장은 엄 대리를 회의실로 조용히 불렀다. "이상하게 듣지는 말고…… 엄 대리가 온 후부터 자꾸 우리 마케팅본부에 대해 이상한 소문이 들리던데…… 혹시 짚이는 데 있어?" 그랬더니 왜 자기에게 그런 걸 묻느냐며, 공연히 생사람 잡지 말라며 펄쩍 뛴다. '어, 이것 봐라?' 아무래도 증거를 들이미는 수밖에 없겠다 싶었다. "아, 옆 부서 사람들이 엄 대리가 그런 얘기를 했다고 얘기해주더라고."

증거? 그런 거 함부로 내밀면 안 되는 거였다. 엄언아는 처음에는 자기가 아니라 옆 부서 누가 그런 얘기를 했다고 발뺌하더니, 급기야 이런 억울한 경우가 없다며 대성통곡을 하는 게 아닌가. 그냥 훌쩍이는 정도가 아니라 온 사무실이 떠나갈 정도로 울부짖었다. 이쯤 되면 누가 가해자고 누가 피해자인지 헷갈린다. 당황한 나 과장은 도리어 자기가 잘못 들은 것 같다고 변명을 해야 했다. 그것도 부족해서 공연히 죄 없는 사람을 오해해서 정말 미안하다며 사과까지 했다. 아, 직장생활. 제기랄, 정말 힘들다.

게임은 쉽게 끝나지 않는다

영화 〈캐스트 어웨이(Cast Away)〉(Cast away는 '조난당하다'는 뜻)에서 세계적인 택배회사 페덱스(FedEx)의 직원인 척 놀랜드(톰 행크스)는 항상 바쁘다. 택배는 일분일초가 생명이기 때문이다. 어느 날 척은 급한 배송 건으로 말레이시아행 화물 비행기를 탔다가 갑작스런 난기류에 휘말려 태평양 한복판에 추락하고 만다. 정신을 잃은 척이 눈을 뜬 곳은 망망대해에 둘러싸인 무인도. 무성한 나무와 높은 암벽에 갇힌 절대 고독, 그리고 무한정으로 주어지는 시간. 척은 이제 과거의 모든 삶을 버리고 새로운 환경에 동화되어야만 한다. 현대판 로빈슨 크루소가 된 것이다.

어떻게 살아야 하나 분노하고 좌절하는 것도 잠시, 척은 무인도 생활에 서서히 적응해간다. 추락한 화물기에서 떠내려온 배구공에 사람 얼굴을 그려놓고 윌슨이라는 이름까지 붙여 말벗을 삼는다. 온몸이 상처투성이가 되는 시행착오를 겪으며 코코넛을 깨 즙을 짜 마시고, 나무 작살을 던져 게와 생선을 잡아먹는다. 나뭇가지를 비벼 불을 피우는 법까지 터득했을 때는 이미 4년여의 시간이 흘러버렸다. 돌아가야 한다는 희망이 점점 사라져갈 즈음, 해변에 간이 화장실 문짝 하나가 떠내려 온다. 불현듯 강렬한 생환 의지를 느낀 척은 문짝을 이용해 뗏목을 만들어 무시무시한 파도를 뚫고 마침내 섬을 탈출하는 데 성공한다. 척이 그토록 섬을 탈출하려고 했던 이유는 무엇이었을까?

문명사회로 돌아온 척은 자신의 약혼녀가 이미 다른 남자의 아내가 되어 있음을 알고 괴로워한다. 하지만 그 와중에도 임무를 잊지 않는다. 그것은 무인도에서 가지고 나온 마지막 페덱스 택배상자를 수취인에게 배달하는 일. 어찌 보면 척을 살린 것은 약혼녀를 다시 만나고 싶다는 희망 못지않게 택배상자를 반드시 배달해야 한다는 책임감이었는지도 모른다. 어느 한적한 시골 마을, 주인 없는 빈집에 택배상자를 내려놓고 척은 이런 메모를 남긴다. '이 택배가 저를 살렸어요.'(이런 직원만 있다면 택배회사 하나 차리고 싶다).

〈캐스트 어웨이〉를 관통하는 게임이론 코드는 '평판관리'이다. 평판은 사람이나 조직 등 특정 개체에 대해 형성된 지속적이고 보편적인 평가, 혹은 집합적 기억으로 정의할 수 있다. 매슬로(A. Maslow)의 욕구단계설에 의하면 인간은 생리적 욕구와 안전 욕구가 어느 정도 충족되면 그다음에 애정, 소속감, 존경의 욕구를 느끼게 된다. 그래서 평판에 민감할 수밖에 없다. 항상 주변의 평가에 귀를 기울이게 되고, 소문, 구설수, 가십 따위에 신경을 쓴다. 최근에는 온라인 소통이 발달하면서 댓글이나 '좋아요'의 수에 예민하게 반응하는 모습을 보이기도 한다.

평판관리의 전설은 단연 J&J(존슨 앤 존슨)이다. 1982년 9월, 미국 시카고에서 소비자들이 J&J의 타이레놀을 먹고 사망한 사건이 발생했다. 이때 J&J는 약 100만 달러의 회수 비용을 들여 일주일 만에 미국 전역에 유통된 타이레놀 3,100만 병을 모두 수거해서 폐기처분했다. 그 액수만 무려 1억 달러에 달했다. 하지만 이러한 조치는 결국 J&J에 대한 신뢰를 높이고 돈보다 소비자의 건강을 중시하는 기업이라는 좋은 평판을 만드는 데 크게 기여했다. 나중에 제품에는 아무 문제가 없고 누군가 고의로 타이레놀 캡슐에 청산가리를 넣었다는 사실이 밝혀지자 미국인들은 J&J에 대해 신뢰를 넘어 존경의 마음까지 갖게 된다.

평판을 만드는 데는 오랜 시간과 노력, 때로는 돈이 든다. 하지만 당장은 손해인 것 같아도 좋은 평판은 가까운 미래에 닥칠 자잘한 골칫거리와 우환을 사전에 막아주는 효과가 있다.

강력한 경쟁무기, 평판을 관리하라

영화에서 톰 행크스의 직업이 페덱스 직원인 만큼 페덱스라는 상표는 스크린 곳곳에 시도 때도 없이 등장한다(전체 상영시간 150분 중 무려 70분가량). 페덱스는 이 영화를 통해 직접적인 광고 효과는 물론이거니와 그보다 훨씬 더 중요한 평판관리에 성공했다. 갈수록 치열해지는 택배 업계의 경쟁구도 속에서 고객들의 신뢰만큼 중요한 무기도 없다. 이 영화를 본 관객들의 머릿속에는 페덱스는 '목숨을 걸고 약속을 지키는구나'라는 생각이 절로 자리 잡게 된다. 영화로 인해 페덱스의 인지도와 호감도가 높아진 것은 물론이다.

영화 뒷얘기 하나. 주인공 척 놀랜드 역을 맡은 톰 행크스는 일부러 몸을 불려 영화 전반부를 찍은 뒤 약 1년 동안 무려 50파운드(22.7킬로그램)를 뺀 후에 다시 촬영에 나섰다고 한다(영화배우도 썩 좋은 직업은 아닌 듯하다). 페덱스는 영화에 필요한 각종 자재와 집기를 지원했는데, 영화 후반부 척의 생환 파티에는 페덱스의 설립자이자 CEO인 프레드릭 스미스 회장이 카메오로 출연하기도 했다.

자, 다시 나원래 과장에게로 돌아가보자. 딱하게 된 나원래 과장. 이제 신입 직원을 의심하고 구박했다는 소문까지 날 게 뻔하다. 어쩔 수 없이 지금이라도 인사팀에 실상을 알리고 공식적인 절차를 밟아야 하는 걸까. 하지만 그렇게 되면 부하직원 관리를 잘못했다는 꼬리표가 붙는다. 그렇다고 이대로 폭탄을 안고 지낼 수도 없는 노릇. 이런 딜레마가 없다. 그러니 직장인들이 화병에 시름시름 앓을 수밖에.

당연한 얘기겠지만 궁극적으로는 공식 인사절차를 밟는 게 옳다. 하지만 그전에 관리자로서 문제를 원만하게 해결하기 위해 최대한의 노력을 다해야 한다. 그 자체가 관리자의 책무일 뿐 아니라 최악의 경우에 대비한 알리바이(?)를 만드는 효과도 있다. 어느 직장이든 빅마우스는 있기 마련이다. 다들 빅마우스들을 껄끄러워 하면서도 아무도 나서지 않는 이유는 혹시라도 자신의 평판에 오점이 생길까봐서다. 세상에서 제일 볼만한 게 불구경과 싸움구경이라 하지 않던가. 빅마우스들과 시시비비를 따지다 보면 본인도 만신창이가 되고 만다.

결론적으로 나원래 과장이 판단의 기준으로 삼아야 할 것은 엄언아 대리에 대한 조치가 아니라 자신의 평판이다. 조직에서 별(임원)을 단다는 것은 탁월한 능력에 대한 보상의 의미도 있지만, 잘 참아냈다는 데 대한 격려의 의미도 있다. 달달제과에서 인생의 한 페이지를 장식하기로 결심한 이상, 화병 따위는 툭툭 털고 좀 더 크게 멀리 봐야 한다. 최대한 인간적인 설득과 권고 노력을 다했다는 평판, 감정에 휘둘리지 않고 이성적인 프로세스를 지켰다는 평판만 유지할 수 있다면 오히려 이번 위기가 전화위복의 기회가 될 수 있다.

아, 그리고 엄언아 대리는 제발 좀 정신 차려야 한다. 대충 살다 갈 인생이 아니라면 말이다. 본인에게는 학창 시절 늘상 주고받던 짓궂은 농담이나 가십일지 몰라도 직장에서 한번 뱉은 말은 자꾸 살이 붙으면서 나중에는 진짜 무서운 흉기가 된다. 다른 사람, 그리고 그 가족의 밥줄을 끊을 수 있다는 말이다. 그리고 본인 앞날을 위해서라도 입은 무겁게, 손발은 가볍게 할 필요가 있다. 아, 여차하면 사표 내고 다른 직장 알아보면 된다고? 아서라, 한두 다리만 건너면 다 선후배고 친구(의 친구) 사이인 이 좁은 나라에서 한번 흠집 난 평판은 어딜 가든 영영 주홍글씨로 남는다.

영화만큼 히트 친 패러디 광고

영화가 성공하자 페덱스는 직접 패러디 광고를 만들어 TV에 방영했는데 이 광고 또한 크게 히트했다. 무인도에서 돌아온 척이 택배상자를 주인에게 배달하고 돌아서면서 갑자기 생각난 듯 묻는다. 도대체 상자 안에 뭐가 들었느냐고. 주인은 '별거 아니다(Nothing really)'라고 하며 대수롭지 않게 대답한다. 위성 전화기, GPS 수신기, 낚싯대, 정수기, 그리고 씨앗이라고. 황당해 하는 척의 표정 뒤로 페덱스 로고가 능청스럽게 지나간다.

못된 상사
길들이기

락인전략

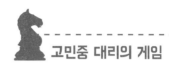

고민중 대리의 게임

입사 6년차 고민중 대리는 엑셀의 신(神)이다. 보통 사람들은 엑셀을 가지고 합계나 평균을 구하고 그래프를 그리는 게 고작이다. 하지만 고민중 대리는 구매본부에서 필요로 하는 '모든' 일을 엑셀을 가지고 한다. 온갖 함수들을 자유자재로 소환하는 건 기본이고, 수만 개가 넘는 실적 데이터들을 이리옮기고 저리 합치면서 원하는 조건에 딱 맞는 것들만 정확히 추려낸다. 기본적인 통계 분석은 물론 민감도 분석까지 척척이다. 그가 엑셀을 가지고 노는걸 옆에서 보면 감탄을 넘어 경외감까지 느껴진다.

고민중 대리는 또한 이대로 부장의 밥이다. 고 대리의 가치를 진작부터 간파한 이 부장은 고 대리를 자기 집 머슴, 아니 노예 부리듯 한다. 지켜보는 사람이 듣기 불편할 정도로 막말을 찍찍 날려가며 잘도 부려먹는다. 착하고 내성적인 고 대리는 이 부장의 터무니없는 요구와 닦달에도 표정 한 번 찡그리는 법이 없다. 혹시 뭔가 약점이라도 잡혔나 싶을 정도다.

더욱 기가 막힌 것은 모든 공을 이대로 부장이 가로챈다는 거다. 자기는 고 대리 덕에 포상도 받고 해외연수까지 챙겨 먹었으면서 고 대리에게는 국물도 없다. 아마 이 부장 입장에서는 그럴 수밖에 없을 게다. 그동안의 성과가 모두 고 대리 덕분이었다는 것이 알려지는 순간, 이 부장이 누려왔던 온갖 영화는 물거품이 될 것이기 때문이다. 아, 직장은 이렇게 뜯는 자와 뜯기는 자로 나눠지는 건가. 세상이 두 쪽이 나지 않는 한 고 대리는 아마 늙어 죽을 때까지 이 부장 그늘에서 '엑셀질'만 하게 될 거다.

고 대리의 현란한 엑셀 스킬에 중독된 이 부장은 좀 더 욕심을 냈다. 사장 주재 임원회의에서 스크린에 직접 엑셀 화면을 띄워놓고 실적 부진의 원인과 해결책을 비주얼하게 보고하겠다고 선언한 것이다. 이미 사장 비서실에도 그렇게 통보를 했고, 혹시라도 실수가 있을까 불안해하는 몇몇 임원들에게는 깜짝 놀랄 준비나 하시라며 넉살도 부렸다. 같은 대학 출신 모 상무는 회사의 보고 문화에 일대 개벽이라면서 저녁에 거하게 술을 내겠다고 한다. 흐흐흐, 아직 발표를 시작도 안 했는데 이 정도면 다 끝나고 나면 도대체 어떤 칭찬을 듣게 될지 어찔어찔해진다.

그런데 아무도 몰랐다. 우리의 고민중 대리가 '착하고 내성적으로' 큰 거 한 방을 준비하고 있었다는 사실을. 드디어 임원회의 당일. 발표용 엑셀 파일은 미리 노트북 PC에 심어놨고, 무선 포인터도 준비했다. 노트북에 연결된 스피커 볼륨도 다 확인했다. 이대로 부장이 목소리를 깔고 발표를 읊으면 고 대리는 발표 속도에 맞춰 엑셀질만 하면 된다. 이제 5분 남았다.

그런데 이 찜찜한 기분은 뭐지? 핸드폰을 집에 놓고 지하철을 탔을 때나 여권을 책상 위에 두고 공항으로 출발했을 때처럼 뭔가 사소한 듯 묵직한 이 느낌은? 아, 그러고 보니 당연히 있어야 할 하나가 빠졌다. 항상 그 자리에 무표정하게 앉아 있어야 마땅한 고 대리가 안 보인다. 이 부장은 짜증이 확 밀려왔다. '이게 정신을 어디다 팔고 다니는 거야?' 전화를 했더니 연결이 되지 않는단다. 열 통이 넘게 걸어봐도 절대 연결이 되지 않는단다. 혹시 계단에서 굴렀나 싶어 비상계단을 확인했지만 쥐새끼 한 마리 없다. 화장실에 빠졌나 싶어 화장실까지 뒤져봤다. 그런데도 없다. '착하고 내성적인' 고 대리가 사라진 것이다.

그날 사장 휘하 달달제과의 모든 임원들은 엑셀이 얼마나 다루기 어렵고 무서운 물건인지를 뼈저리게 깨달아야 했다. 그리고 그날 이대로 부장의 발표는 달달제과 창사 이래 최악의 발표로 기록됐다. 이 부장이 비 오듯 땀을 흘리며 10분쯤 버벅거릴 때 사장이 '제길, 다음 기회에 기회 되면'를 외치며 중단시킨 것이 그나마 다행이었다.

고객을 잡는 힘

영화 〈쇼생크 탈출(The Shawshank Redemption)〉을 보면 촉망받던 은행 간부 앤디(팀 로빈슨)가 자신의 아내와 그녀의 정부(情夫)를 살해했다는 누명을 쓰고 종신형을 선고받는다. 그가 수감된 곳은 쇼생크 교도소. 이곳은 탈옥이 불가능한 생지옥인데 동료 죄수들은 말할 것도 없고, 교도소장과 간수들조차 그야말로 인간 말종들이다. 앤디에게 유일한 위안은 평생의 친구가 되는 레드(모건 프리먼)를 만난 것 정도.

어느 날 앤디는 수감되기 전 은행에서 쌓은 실력을 발휘하여 간수들의 세금을 줄여주는 수완을 발휘한다. 덕분에 일약 교도소의 비공식 회계사로 등극한 그는 해마다 교도소장과 간수들의 세금 관리는 물론 재정 상담, 급기야 교도소장의 비자금을 세탁해주는 역할까지 한다. 그러던 중에 갓 입소한 신참 죄수에게서 아내의 진짜 살인범에 대한 단서를 입수한 앤디는 소장에게 자신의 결백을 주장한다. 하지만 소장은 앤디를 계속 붙잡아 두기 위해 이를 묵살하고 그 신참 죄수를 살해해버린다. 분노가 폭발한 앤디, 이제 남은 건 탈옥뿐이다. 그런데 철옹성 같은 쇼생크에서 과연 성공할 수 있을까?

앤디는 감방 벽에 굴을 파는 고전적인(?) 방법을 택한다. 그런데 이런 구식 방법이 먹히려면 전제 조건이 하나 있어야 하는데 바로 간수들의 방심이다. 간수들이 매일 이 잡듯이 감방을 뒤지기라도 한다면 끝장이다. 앤디는 락인(Lock-in), 즉 한번 고객을 영원히 묶어놓는 전략을 택한다('락인'은 족쇄를 채운다는 뜻). 앤디의 절세(節稅) 기술에 한번 맛을 들인 교도소장과 간수들은 언제부턴가 앤디의 손아귀에서 놀아나게 되고 앤디를 의심하거나 방을 수색할 생각조차 못하게 된다. 순진하다 못해 약간 맹~해 보이기까지 하는 앤디에게 이런 전략가 마인드가 숨어 있었다는 것이 놀라울 뿐이다.

비즈니스에서 락인 전략이 먹히는 이유는 소비자들은 한번 구매한 제품에 길들여지면 굳이 다른 제품으로 전환하려는 수고를 꺼려하기 때문이다. 갤럭시 시리즈와 아이폰 시리즈는 모양과 기능은 거기서 거기인 것 같지만 막상 메뉴의 종류와 구성, 위치 등에 익숙해지려면 성가신 숙달 과정이 필수다. 평상시에도 스마트폰 기능의 10~20퍼센트도 채 이용하지 못하는 처지에 굳이 기종을 바꿔 새로운 매뉴얼을 '공부'할 사람은 드물다. 그래서 락인이 작동하는 것이다.

정보통신 산업에서는 락인이 표준으로까지 연결되는 경우도 많다. 한번 굳어진 '사용자 경험(User experience, UX)'이 '사실상의 표준(de facto standard)'이 된다. 가장 잘 알려진 예는 우리가 지금 쓰고 있는 쿼티(QWERTY)형 키보드. 과거 타자기 시절에 자판이 엉키는 것을 막기 위해 일부러 타자 속도가 느려지도록 배열된 자판을 100년이 지난 지금까지도 쓰고 있는 것이다. 1982년에 미국표준협회가 타이핑 속도가 훨씬 빠른 드보락(Dvorak) 자판을 표준으로 채택하기도 했지만 한 번 쿼티에 길들여진 소비자들의 습성을 바꾸지는 못했다.

마이크로소프트의 힘도 락인에서 나온다. MS 윈도우와 오피스 프로그램, 그리고 익스플로러에 익숙한 (즉 락인된) 고객들은 차기 버전에서도 계속 MS 제품을 사용할 수밖에 없다. 학생 버전으로 매우 저렴한 가격에 제품을 공급하는 것도 이들이 자라면서 MS의 정식 고객으로 락인되어 고가의 일반용 제품을 구매할 것이기 때문이다.

락인'될' 것인가, 락인'할' 것인가?

결국 비즈니스는 가치사슬상의 공급자와 구매자 간의 락인 게임의 연속이다. 낚는 쪽과 낚이는 쪽의 팽팽한 밀당(밀고 당기기)이라고 할까. 공급자 입장에서는 고객이 변심했을 때 부담해야 하는 전환비용

(Switching cost)을 높임으로써 한번 고객을 영원히 잡아놔야 한다. 가격과 품질 외에 차별화된 서비스, 맞춤형 옵션, 구매이력 관리, 마일리지 제공 등 고객이 이탈했을 때 포기해야 하는 가치를 최대한 높이는 것이 중요하다. 새로운 고객을 만드는 것은 기존 고객을 붙잡아두는 것에 비해 몇 배의 비용이 든다(통신 업계에서는 통상 5배에 달한다는 추정도 있다). 최대한 기존 고객을 락인시키는 것이 무조건 답이다.

한편 구매자 입장에서는 특정 공급자에게 매이게 되면 공급자가 가격을 올리거나 거래 조건을 불리하게 해도 속수무책으로 끌려다닐 수밖에 없다. 이를 예방하기 위해 미리 빠져나갈 대비를 해야 한다. 평시에 공급처를 다변화하거나 유사시 활용할 수 있는 제2의 공급처를 확보해놓을 필요가 있다. 시장에서 구매하는 것보다 다소 비싸더라도 자체 원료나 부품 생산설비를 갖춰놓은 것도 언제 있을지 모를 공급자의 횡포를 견제하는 효과가 있다.

자, 영화의 마지막 장면. 앤디는 소장의 검은 돈을 몰래 자신의 비밀 계좌로 옮겨 놓고 교도소의 비리를 낱낱이 폭로한 서류를 신문사에 보낸다(이렇게 할 수 있는 것도 락인전략의 힘이다). 경찰과 기자들이 들이닥친 혼란의 와중에 드디어 앤디는 유유히 탈옥에 성공한다. 앤디는 탈출 통로의 입구를 대담하게도 당대 최고의 글래머 여배우였던 리타 헤이워드의 포스터 한 장으로 가려 놓는데 뒤늦게 이를 발견한 소장과 간수들의 황당해하는 표정이 압권이다(이 영화의 원작 제목이 그래서 '리타 헤이워드와 쇼생크 탈출'이다).

장면이 바뀌면서 태평양 해안의 조용한 마을. 해변에 잘 어울리는 헐렁한 옷차림의 앤디가 열심히 자신의 요트를 손질하는 중이다. 그리고 저 멀리서 허름한 양복을 걸친 흑인 노인 한 명이 쭈뼛거리며 해안을 따라 걸어온다. 40년의 복역을 마치고 가석방된 앤디의 절친 레드이다. 서로를 알아본 두 사람의 얼굴에 어색하지만 자유를 머금은 미소가 번진다. 이 영화는 인생의 의미에 대한 여러 명대사로도 유명한데 그 중 하나를 소개한다. "선택은 간단하다. 바쁘게 살든가 바쁘게 죽든가(Get busy living or get busy dying)."

독자 여러분은 어떤가? 회사에 락인되어 갈 곳 없는 신세인가, 아니면 당신이 없으면 일이 스톱될 정도로 회사를 락인시키고 있는가. 국내 모 카드사 광고카피처럼 "열심히 일한 당신, 떠나라." 단, 떠날 수 있다면 말이다.

직장인이여, 노예로 살지 말자

다음 날, 또 그 다음 날에도 고민중 대리는 나타나지 않았다. 이대로 부장은 미쳐 날뛰었다. 차마 입에 담지 못할 온갖 욕설을 퍼붓고 다니며 고민중 대리를 찾아 헤맸다. 저러다 정말 무슨 일 내지 싶었다. 3일째 되던 날, 다들 혀를 차며 이제 광인(狂人)이 된 이 부장을 지켜보던 그때 사무실 자동문이 스르르 열렸다. 출근 시간 아홉 시를 10분쯤 남겨놓은 시간에, 드디어 '그'가 무표정하게 모습을 드러낸 것이다.

갑자기 시간이 정지한 듯했다. 눈이 반쯤 뒤집힌 이 부장을 포함

사무실 모든 사람들이 침 한 번 꿀꺽 삼키고는 그대로 화석이 되었다. 지구를 끝장낼 수소폭탄 버튼에 누군가 막 손을 가져가는 영화의 한 장면 같았다. 양 극단은 서로 통한다고 한다. 절대 고요는 절대 공포의 다른 이름이라는 뜻이다. 제발 인간의 언어가 아니어도 좋으니 아무라도 나서서 무슨 소리라도 내주기를 모두가 간절히 소망했다.

정적을 깬 것은 이대로 부장이었다. 그는 고 대리를 향해 전속력으로 달려가면서 이렇게 절규했다. "고 대리니~임. 얼마나 걱정했는 줄 알아써여? 아프면 며칠 푹 쉬지 왜 나와써여?" 이 부장은 고 대리를 으스러질 듯 감싸 안았고, 지켜보던 모든 사람들은 갑작스런 반전에 넋이 나갔다. 부장과 대리의 역사적인 포옹 앞에서 영문 모를 감동이 쏟아져 내렸고, 베를린 필이 연주하는 〈베토벤 교향곡 9번〉이 울려 퍼졌다. 그때 이 부장의 품에 안긴 고 대리의 입가에 보일 듯 말 듯 싸늘한 미소가 스쳐가는 걸 본 사람이 있었을까?

인생이 잘 풀리려면 세 가지 만남이 좋아야 하는데, 첫째는 부모자식, 둘째는 배우자, 그리고 셋째는 직장 상사다. 왜 그런지는 모르겠지만 현실에서는 못된 상사를 만날 확률이 훨씬 더 높다(다행히 필자는 안 그렇다). 상사와의 갈등 때문에 애써 입사한 회사를 옮기는 경우도 종종 있다. 그런데 정녕 상사를 골탕 먹이고 싶다면 사사건건 대들거나 험담하고 다녀봤자 소용없다. 사람들은 신출내기 당신보다는 오랜 시간 한솥밥 먹고 지낸 상사 편을 더 들어줄 테니까. 그렇다면 고민중 대리처럼 큰 거 한 방을 준비하는 게 훨씬 더 효과적이다.

직장은 힘의 논리가 지배한다. 억울한 일이 한두 가지가 아니다.

직장인들이 잠잘 시간도 부족하다고 하면서도 해만 떨어지면 죽어라 소주를 들이붓는 이유다. 그래봤자 속만 버린다. 상사든 부하든 당신에게 락인시켜라. 그러면 술맛도 더 난다.

한 방이 제대로 먹히려면 당신에 대한 상사의 의존도를 평소에 높여놔야 한다. 락인(Lock-in)시켜야 한다는 말이다. 목표물을 서서히 올가미에 가두어 나중에 꼼짝 못하게 하는 것, 그것이 바로 락인 전략의 요체다. 상사에게 너무 가혹하지 않느냐고? 걱정 마시라. 상사를 락인시킬 요량으로 평소에 말도 잘 듣고 일도 열심히 하다 보면 상사도 어느 순간 당신을 인정하고 사랑하게 된다. 그러면 당신도 애초의 의도 따위는 잊고 상사의 사랑에 보답하려 더 노력하게 된다. 직장은 그렇게 굴러왔고, 앞으로도 그렇게 굴러간다. 이대로 부장도 앞으로는 정신 차릴 게다.

네슬레의 커피중독 전략

150년 역사의 세계 최대 식품기업 네슬레는 지난 1986년 기존 식품사업의 범주를 벗어난 이상한 신제품을 하나 내놓았다. '네스프레소'라는 이름의 가정용 커피 머신이었다. 네슬레는 동시에 네스프레소 전용의 캡슐 커피를 출시했는데 이것이 바로 네슬레의 노림수였다. 일단 커피 머신을 구입한 소비자들은 좋든 싫든 끝없이 캡슐 커피를 구매할 수밖에 없다. 하나의 플랫폼으로 소비자를 오래 붙잡아두는 락인 전략이다. 네스프레소는 2013년 커피 머신과 캡슐 커피로 전 세계에서 5조 원이 넘는 매출을 올렸다. 캡슐커피 가격은 개당 800~900원인데 하루 한 잔만 마신다고 해도 1인당 연간 구매비용은 30만 원에 달한다. 같은 양의 인스턴트커피 구매 비용의 8배 수준!

한 손엔 경쟁,
다른 손엔 협력

코피티션

정화수 과장과
하소연 과장의 게임

공채 출신의 정화수 과장은 경력직인 하소연 과장이 처음부터 싫었다. 우선 옷차림새부터 마음에 안 든다. 아무리 자유복장이지만 그래도 사무실에서 일하는 복장과 디너파티에 놀러 가는 복장은 달라야 하는 거 아닌가. 부업으로 세탁소를 하는지 모르겠지만 허구한 날 옷이 바뀌는 것도 영 마뜩찮다. 그녀는 마치 경력직이 무슨 대단한 훈장이라도 되는 양 거들먹거리기 일쑤다. 모든 대화를 "음～ 정말 달라요. 예전에 근무했던 S사는 이렇지 않았어요"로 시작하고, "음～ 이건 정말 S사에서는 상상도 못할 일이에요"로 끝마친다. 아니, 지가 그렇게 대단하면 S사에서 여왕벌이 되든 불나방이 되든 할 거지 왜 이 구질구질한 달달제과에 와서 잘난 척을 하는지 모르겠다.

하소연 과장은 정화수 과장의 텃새가 영 불편하다. 저나 나나 똑같이 월급쟁이 신세인데, 먼저 입사하고 나중에 입사한 것이 뭐 그리 대단한 거라고 그리 무게를 잡나 모르겠다. 공채가 무슨 사장 아들 입양증명서라도 되는 줄 아나 보다. 회사 걱정을 혼자 떠안은 것처럼 회의 때마다 까칠한 소리나 하고, 갖은 거만을 다 떠는 꼴을 보면 헛웃음만 나온다. 거기다 달달제과가 처음 직장이라고? 그럼 다른 회사들 분위기와 문화에 대해서는 완전 꼴통이라는 걸 실토하는 거다. 공채라고 자랑할 게 아니라 우물 안 개구리임을 부끄러워해야 한다. 그리고 그 복학생 헤어스타일하고 옷 입은 꼬락서니하고는, 쯧쯧.

운명은 늘 장난을 친다. 허무한 전무의 특별 지시로 이번에 업무혁신 태스크포스가 새로 만들어졌는데, 각 부서별 에이스들을 차출해서 팀을 꾸렸다고 한다. 그런데 하필 정화수 과장과 하소연 과장이 모두 태스크포스 발령이 났다. 전체 팀원이 열 명밖에 안 되기 때문에 임시 사무실에서 하루 종일 얼굴 맞대고, 가급적 식사도 같이해야 한단다. 일단 3개월 시한을 목표로 하는데, 경우에 따라 3개월 더 연장될 수도 있단다.

낭패도 이런 낭패가 없다. 인사팀에 얘기해서 빼달라고 할 수도 없는 노릇이고, 천상 죽이든 살리든 두 사람이 결판을 내게 생겼다. 단지 개인적인 감정 때문만은 아니다. 공채와 경력직 사이의 묘한 긴장 관계가 두 사람을 숙명적인 라이벌로 만든 것이다.

그런데 어쩐다. 허 전무가 태스크포스 작업에 대해 각별히 관심을 갖고 있기 때문에, 만일 제대로 된 결과를 내놓지 못하면 둘 다 앞으로의 회사생활에 흠집이 날 게 뻔한데…….

전장에 울려 퍼진 크리스마스 캐럴

앞서 말했듯이 게임이론에서 다루는 여러 게임들은 일회성(One-shot) 게임과 반복(Repeated) 게임으로 구분할 수 있다. 일회성 게임은 한 번 하고 말기 때문에 게임 참가자 누구나 체면이고 후환이고 따질 것 없이 노골적으로 본색을 드러낸다. 죄수의 딜레마에서처럼 이기심에 눈이 멀어 제 발로 함정에 빠지는 행동도 불사한다.

하지만 똑같은 게임이 여러 번 반복되는 반복게임이라면 얘기가 달라진다. 이번 회(回)에서의 나의 행동이 다음 회에서 상대방의 행동에 영향을 미칠 수 있기 때문에 좀 더 고차원적인 행동조율이 가능해진다. 특히 한몫 크게 챙기고 관계를 끝장내기보다는 욕심을 조금 줄이고 관계를 지속하는 것이 득이 되는 경우라면, 자발적인 협력이 싹을 튼다(사실 우리도 모두 조금씩 성질 죽여가며 살아가지 않는가).

프랑스 영화 〈메리 크리스마스(Joyeux Noel)〉. 1차 세계대전이 한창인 1914년 겨울, 프랑스 외곽 지역에 불과 100미터도 안 되는 거리를 사이에 두고 프랑스, 영국, 독일, 3개국 병사들이 참호 속에서 대치 중이다. 한 차례 무서운 총격전이 오가고 나면 유령처럼 내려앉는 숨 막히는 정적. 참호전은 병사들의 피를 말린다. 그런데 이때 기적이라고밖에는 할 수 없는 놀라운 일이 벌어진다. 서로 총부리를 겨누던 병사들이 스스로 전쟁을 멈추고, 세계전쟁 역사상 전무후무한 화해와 평화의 시간을 만든 것이다.

사건의 발단은 노래였다. 크리스마스이브를 맞아 참호 속에 웅크리고 있던 영국군들이 스코틀랜드 백파이프 반주에 맞춰 노래를 시작한다. '산의 속삭임 강물의 노랫소리, 언제나 듣던 그 노래가 그립네. 나는 여기 외로이 홀로 서서 영원한 고향을 꿈꾸네……' 목숨이 왔다 갔다 하는 전쟁터에서 병사들의 눈물샘을 자극하는 애절한 가사가 이어진다. 졸병 신세는 졸병이 안다고 노래를 듣고 감정이 북받친 반대편 독일군 참호에서도 누군가 〈고요한 밤 거룩한 밤〉을 부른다. 어느새 크리스마스이브의 눈 덮인 전장(戰場) 위에 성탄 캐럴이 울려 퍼지고 무언가에 취한 듯 세 나라의 병사들이 하나둘 참호 너머로 몸을 내민다. 의심과 불안을 감추지 못하고 탐색하는 표정들이지만 그것도 잠시, 오늘만큼은 서로에게 총구를 겨눌 생각이 없음을 확신하며 서서히 안도의 표정을 짓는다.

집에 두고 온 가족들의 사진을 보여주고, 초콜릿과 샴페인을 교환하기도 하며, 그렇게 어제의 적은 오늘의 친구가 된다. 어디선가 종소리가 울리며 영국군 군종신부 한 명이 예배를 주관하고 모두 함께 눈 쌓인 벌판에서 성탄을 축하한다. 징집된 독일군 남편을 찾아 위험을 무릅쓰고 전쟁터로 찾아 온 독일 소프라노 가수 안나(다이앤 크루거)가 청아한 목소리로 〈아베마리아〉를 열창하자 분위기는 최고조에 달한다. 이제 병사들의 눈빛에 적의는 없다. 더 이상 싸울 이유도 명문도 없다.

팃포탯, 경쟁과 협력을 동시에

게임의 규칙(Rule)을 잘 설정하면 이기적이고 근시안적인 개인들 간에도 협력이 발생할 수 있음이 밝혀져 있다. 1980년, 미국 미시간 대학의 정치학자 로버트 액설로드(Robert Axelrod) 교수는 서로 다른 개인 또는 단체들 간에 어떻게 하면 협력관계가 유지될 수 있는지를 연구했다. 그는 여러 게임이론가와 컴퓨터 과학자들을 대상으로 일종의 협력전략 토너먼트를 개최했는데, 시뮬레이션 결과 가장 우수한 전략(프로그램)으로 팃포탯(TFT: Tit for tat)이 선정되었다(Tit과 Tat은 모두 '가볍게 때린다'는 의미이며, 이를 합친 Tit for tat은 '맞대응'을 의미).

러시아 태생의 미국 수학심리학자 아나톨 래퍼포트(Anatol Rapoport)가 제안한 TFT 전략은 엄청나게 길고 복잡한 지시명령들로 이뤄진 다른 전략들과는 달리 극도로 단순한 것이 특징이다. 그 내용은 ①첫 회 게임은 경쟁자들 간에 협력으로 시작한다 ②다음 회에는 바로 전번 회에서의 상대방 행동을 그대로 따라한다(상대가 전 회에 협력했으면 나도 협력, 상대가 배신했으면 나도 똑같이 배신). 놀랍게도 이렇게 단순한 TFT 전략이 이기적인 개인들 간에 매우 튼튼한 상호협력을 유도한다는 것이 밝혀졌다.

비즈니스 세계에서도 치열하게 경쟁하고 있는 상황에서 종종 자발적 협력이 도출되기도 한다. 미국 예일 대학교 네일버프 교수와 하버드 대학교 브란덴버거 교수는 이러한 현상을 코피티션(Coopetition)이라고 불렀는데, 경쟁(Competition)과 협력(Cooperation)을 합쳐 만든

신조어이다. 만일 게임을 한 번만 하는 경우라면 죽기 살기로 경쟁하는 것이 당연히 옳다. 게임의 결과는 이기거나 지거나 둘 중 하나다. 그러나 똑같은 게임이 여러 번 반복된다면 얘기가 달라진다. 한 발씩 양보해가며 오래도록 이득을 나눠 갖는 게 유리할 수 있다. 단골이 되면 가끔 외상도 주고 깎아도 주는 것처럼 협력의 여지가 생긴다는 말이다.

흔히 기업 간 경쟁은 승자와 패자로 뚜렷이 구분되는 제로섬 게임으로만 여겨졌는데, 코피티션은 반드시 패자가 있어야 한다는 도식적인 논리를 부정하고 참가자들 모두 승자가 될 수 있음을 설파한다. 아무리 단순해 보이는 비즈니스라도 그 속에는 밸류체인에 속한 공급업자, 하청업자, 보완제품 생산자, 경쟁자, 고객사 등 복수의 관계가 중첩되어 있다. 이들과의 관계를 득실의 프레임으로 획일화하기보다는 경쟁과 협력을 동시에 추구하는 시각으로 봐야 한다.

물론 여기에는 암묵적 혹은 명시적 규칙이 있어야 한다. 한번 쌓인 신의를 저버리면 관계는 그날로 끝이다. 단골이라고 여겨 특별히 신경 써줬더니만 다른 데 가서 다른 소리한다든지, 혹은 꾸준히 팔아주면 언젠가는 득을 보겠거니 했는데 해가 가고 달이 가도 단골 보기를 소 닭 보듯 하면 협력은 물 건너간다. 상대방의 배신행위는 단호하게 응징해야 한다. 좋은 게 좋다고 상대방의 배신에 대해 어정쩡하게 대응하면 더 이상의 협력은 불가능하다. 예로부터 일벌백계(一罰百戒)나 읍참마속(泣斬馬謖)이 강조되는 이유도 여기에 있다.

긍정적 라이벌 의식을 가져라

회사 내에서도 그렇다. 매년 인사 시즌이 되면 예상을 벗어난 의외의 행운아가 눈에 띈다. 대개는 물망에 올랐던 라이벌들이 서로 견제하고 헐뜯다가 같이 미끄러지는 바람에 호사가들의 레이더에 잡히지 않던 엉뚱한 사람이 어부지리를 얻는 경우이다. 회사가 친목회나 종교단체가 아닌 이상, 서로를 환한 미소와 열린 마음으로만 대할 수는 없다. 하지만 힘겨루기를 하고 기싸움을 해도 서로를 상하게 하지는 않는 긍정적 라이벌 의식이 있어야 같이 클 수 있다. 선순환의 또 다른 얼굴은 악순환, 종이 한 장 차이다. 자잘한 선순환 협력고리들이 자생적으로 생겨나고 이러한 고리들이 맞물려 돌아가면서 더 큰 선순환을 확대재생산해 낼 수 있어야 회사가 발전한다(많은 회사들에서 칭찬하기, 감사하기 릴레이를 하고 있는데, 이벤트성에 그칠지 나름의 선순환 고리를 촉발시킬지는 좀 더 지켜볼 일이다).

자, 다시 영화 이야기. 이미 짐작하겠지만 서로 죽고 죽이는 살벌한 전쟁터에서 꽃 핀 아름답지만 아슬아슬한 평화는 그리 오래가지 못한다. 병사들은 고향으로 보내는 편지에 이 놀라운 '크리스마스 휴전(The Christmas Truce)' 소식을 전한다. 하지만 당시는 살벌한 전시 상황, 적과의 우정이란 있을 수 없으며 그건 곧 국가에 대한 반역을 뜻한다. 병사들의 편지를 검열하던 각국 사령부는 기겁을 하며 특단의 조치를 내린다. 병사들은 소환되거나 처벌되고, 아니면 뿔뿔이 흩어져 또 다른 전쟁터에 내던져진다.

당시 기록을 보면 크리스마스 휴전은 프랑스뿐 아니라 유럽의 서부전선 여러 곳에서 동시다발적으로 발생했다고 한다. 지역에 따라 짧게는 2~3일에서 일주일, 혹은 이듬해까지 휴전이 이어진 곳도 있었다. 이런 사실은 암암리에 알려져 당시 영국의《더 데일리 미러》의 1면 기사를 장식하기도 했다. 현재까지 이들 3개국의 군사기록 보관실에는 병사들이 축구를 하거나 어깨동무를 한 사진, 가족들에게 보낸 서신 등의 기록이 남아 있다.

직장 내 협력은 직장인의 숙명

동서고금을 막론하고 높은 자리에 앉은 사람들이 갖는 변태적 취향 하나. 팀워크 제고라는 거창한 명분으로 부하 직원들을 한 바구니에 몰아넣고 지켜보는 것을 즐긴다. 애들이 과연 사이좋게 지낼까, 아니면 대판 싸울까를 호기심 있게 관찰하면서 말이다. 오월동주, 적과의 동침, 참 좋은 말들이다. 하지만 현실은 그렇지 못하다. 인간에게는 냉철한 이성을 훨씬 넘어서는 불같은 감정이 이글거린다. 공통분모가 없는 사람들끼리 모아 놓으면 결국 사달이 나기 십상이다.

하지만 어쩌겠는가. 목구멍이 포도청인 걸……. 정화수 과장과 하소연 과장은 다른 도리가 없다. 서로에 대한 감정은 덮고 무조건 협력해야 한다. 누가 알겠는가? 막상 한 배를 타고 가까이에서 지켜보니 뜻밖의 장점을 보게 되고, 그러다 진짜 시너지가 팍팍 나게 될지.

그게 아니라도 최소한 협력하는 모양새라도 만들어야 한다. 직장은 동호회 모임이 아니다. 당신 마음에 쏙 드는 사람과 같이 일하게 될 확률은 지극히 낮다. 어차피 회사의 녹을 먹으며 재능을 팔아 살아가야 하는 것이 우리 직장인의 운명이라면 좋고 싫고 따질 것 없다. 그런 건 다 배부른 소리다. 만에 하나 태스크포스에서 불협화음이 났다는 얘기가 밖에 알려진다면(인사팀은 주로 이런 뉴스를 원한다), 두 사람 모두에게 치명적이다.

미국인들이 규칙을 잘 지키는 이유

코레일 무임승차 문제가 국회에서 논의된 적이 있는데, 지난 5년(2009~2014년)간 무임승차로 적발된 건수가 129만 건이나 된다고 한다. 신뢰사회라고 말들은 많이 하는데 여전히 무임승차가 만연한 이유 중의 하나는 응징의 강도가 약했기 때문일 수 있다. 실제로도 원래는 운임의 최고 10배까지 벌금을 매길 수 있지만, 0.5배에 그친 것이 87.3퍼센트, 1배 징수가 10.9퍼센트, 2~10배 징수는 1.8퍼센트에 불과했다고 한다.

반면 미국 국세청(IRS)은 화끈(?)하다. 최근 IRS는 부유층의 역외탈세 감시를 대폭 강화하겠다고 선언한 바 있는데, 실상 2009년 이후 지금까지 적발된 건수는 70여 명에 불과하다. 그런데 무려 4만 3,000여 명이 탈세를 자진신고했고, 벌금과 세금을 합쳐 약 60억 달러를 냈다고 한다! 자진신고하지 않다가 적발되면 예금액의 1.5배에 달하는 혹독한 벌금을 부과했기 때문이다. 신뢰는 말하기 좋고 듣기 좋지만 거저 오지는 않는다. 무심한 듯 단호한 룰만이 신뢰를 떠받치는 주춧돌이다.

게임을
설계하라

메커니즘
디자인

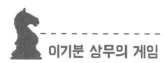
이기분 상무의 게임

도대체 어디서 무슨 말을 들었는지는 몰라도 서운해 사장의 감사(感謝) 예찬
이 그칠 줄을 모른다. 감사를 나누면 정신건강에 좋고 업무능률도 팍팍 오
를 거라며 얼굴까지 벌겋게 되어 열변을 토한다. 술 취하지도 않았는데 똑같
은 얘기를 30분 넘게 계속 되풀이하는 사람은 처음 봤다. 하물며 소, 돼지도
먹이를 주는 사람에게 감사할 줄 안다며, 감사를 모르는 사람은 사람 자격이
없단다. 이제 연세가 들어서 저러나 싶기도 하고, 얼핏 사이비 종교에 심취
한 사람 같기도 하다.

"다들 어떻게 생각해?" 감사하는 소, 돼지는 육질도 좋을까를 생각하던 이기
분 상무는 사장의 질문에 화들짝 놀라 200퍼센트 공감의 표정을 지어 보였
다. 어차피 감사하는 데 돈 드는 거 아닌데 뭘. 옆에 앉은 임원들도 한마디씩
거든다.

먼저 한성질 상무, "맞습니다. 세상이 너무 각박해졌어요. 요즘 직원들은 배
가 불러서 그런지 감사할 줄을 모르는 것 같습니다."

이어서 권태기 상무, "사장님. 사실 저는 항상 회사에 감사하는 마음으로 출근합니다. 진심입니다."

급기야 허무한 전무도 한 말씀 올린다. "지난 주말에 가족들을 모아놓고 사장님께서 맨손으로 회사를 키워오신 얘기를 해줬습니다. 그랬더니 가족들이 모두 감사하다고 전해달라고 하더군요." (아, 역시 전무는 아무나 되는 게 아니다.)

과유불급(過猶不及)이다. 시도 때도 없이 박자를 맞추는 짓 따위는 하지 말아야 했다. 임원들의 감사 얘기를 듣던 사장의 눈가가 촉촉해지기 시작했을 때 멈췄어야 했다.

"여러분들도 이렇게 모두 감사 마인드를 갖고 있는 줄 몰랐습니다. 오히려 여러분들의 그 따뜻한 마음가짐에 내가 감사해야겠어요." 여기까지는 참 훈훈했다. 그런데 그다음이 문제였다. "당장 내일부터 부서별로 감사나눔 운동을 해봅시다. 구체적으로 어떤 방법이 좋을지는 부서장들 재량에 맡기겠어요."

아, 이제 죽도록 일하고, 뼈 빠지게 봉사하고, 꼬박꼬박 성금 내는 건 기본이고, 감사까지 해야 한다. 연말에 부서별로 평가를 해서 감사가 미진한 부서는 따로 시간을 내서 집중적인 감사교육을 받도록 하겠단다.

사무실로 내려온 이기분 상무는 직원들에게 사장님 말씀을 전달했다. 예상했던 대로 직원들의 얼굴에는 하나같이 '이게 '뭥미?' 하는 표정이 스쳤다. 부서별로 평가해서 포상도 하고, 저조한 부서는 따로 교육을 받아야 한다고 으름장을 놔도 다들 심드렁하니 될 대로 되라는 식이다.

일단 사무실 입구에 게시판을 하나 만들고 포스트잇에 감사의 글을 써서 붙이라고 지시했다. 그랬더니 다들 마지못해 딱 한 개씩 붙이고는 그만이다.

일단 개수가 중요하니 몇 개씩 더 써 붙이라고 해도 그때뿐이다. 아, 무슨 좋은 방법이 없을까?

원하는 결과를 얻으려면

금융은 경제의 실핏줄이다. 돈이 돌아야 실물이 돌기 때문이다. 금융회사는 시중에 돈을 돌려 수익을 내는 회사인데, 실제로 회사 자금을 운영하는 임무는 일명 트레이드(Trader)들이 맡는다. 이들에게 주어진 권한은 막대하기 때문에 때로는 회사에 엄청난 수익을 안겨주기도 하지만 때로는 상상할 수 없는 피해를 입히기도 한다.

영화 〈갬블(Rogue Trader)〉은 한 명의 트레이더가 어떻게 회사를 망칠 수 있는지를 현장감 있게 보여준다. 주인공 닉 리슨(이완 맥그리거)은 영국의 베어링스 은행에 근무하는 평범한 은행원이다. 명문가 출신도 아니고 딱히 학벌이 좋지도 않은 그는 은행 내에서 아무런 주목도 받지 못한다. 하지만 기회는 도둑처럼 찾아온다.

어느 날 그에게 회사가 보유한 인도네시아 부실채권을 정리하라는 업무가 떨어지는데, 그는 운 좋게도 무려 20배의 수익률을 올린다. 나름 머리를 굴려 노력도 했지만, 실상은 인도네시아 경제가 갑작스레 기지개를 켠 덕분이다. 원인이야 어떻든 간에 이때부터 리슨의 인생에 파란 불이 켜진다.

얼마 후 베어링스 은행은 아시아 금융의 핵심 거점 중 하나인 싱가포르 지점을 리슨에게 맡긴다. 은행의 기대에 부응하기 위해 리슨은 런던 본사와 떨어져 감시가 느슨한 틈을 타 점점 더 고(高)수익 고(高)위험 거래를 늘려나간다. 수시로 발생하는 크고 작은 손실은 깡통계좌를 만들어 우선 덮고 본다. 허나 침적대우적(針賊大牛賊)이라고 했던가. 바늘도둑이 된 리슨은 점점 더 아찔한 배팅에 뛰어들며 소도둑의 길로 접어든다. 한때 회사 총수익의 5분의 1을 벌어들이면서 '금융계의 제왕'이란 소리까지 듣지만, 성공의 짜릿함에 취해 있던 바로 그때 끝 모를 심연이 그를 향해 입을 벌리고 있었다.

고대 로마제국에서는 다리를 건설하는 기술자에게 그 다리가 개통될 때 다리 밑에 서 있게 했다고 한다. 긴 말 필요 없이 목숨 걸고 책임지라는 얘기다. 역시 로마답다. 그때 만들어진 다리가 2,000여 년이 지나 아직까지도 건재한 이유다.

과거 미국 우정청(US Postal Service) 소속 조종사들의 평균 수명은 4년에 불과했다. 관리부서에서 악천후에도 무리하게 비행기를 띄운 탓이다. 그런데 조종사가 이륙 불가하다고 판단했는데 관리자가 이륙을 고집할 경우 관리자도 비행기에 동석하는 제도를 만들었더니 조종사 사망률이 0으로 떨어졌다고 한다.

게임이론의 한 분야인 '메커니즘 디자인(Mechanism design)'은 원하는 결과를 얻기 위해 위의 두 사례처럼 게임의 법칙, 즉 게임의 참가자격, 진행방식, 이해득실 구조 등을 어떻게 설계해야 하는가를 다룬다. 특히 정보의 비대칭성 등으로 인해 완전경쟁의 가설이 현실에서 제대로 작동하지 않을 때 매우 필요하다[2007년 노벨경제학상은 메커니즘 디자인 이론의 기초를 다진 레오니트 후르비치(미네소타 대), 에릭 매스킨(프린스턴 대), 로저 마이어슨(시카고 대) 교수가 공동 수상했다].

메커니즘 디자인은 우리 주변의 아주 사소한 문제로부터 기업의 운영규칙, 시장에서의 거래, 투표와 같은 정치행위의 효율성을 높이는 데까지 두루 적용된다. 이제는 거의 상식이 되다시피 한 두 형제 간에 케이크를 불만 없이 나누는 방법이 대표적이다(한 명이 자르고 다른 한 명이 고르게 하는 게 정답). 반상회 참석률을 높이겠다며 불참자에게 벌금을 물리는 아파트 단지가 많은데 분위기만 냉랭해질 뿐 별 효과는 없다. 그보다는 인터넷 유머에서처럼 불참자 중에 회장을 뽑겠다고 하는 것이 훨씬 은근하면서도 위협적인 방법이다.

대통령이나 국회의원을 뽑는 선거제도도 메커니즘 디자인의 적용 대상이다. 지금은 후보들 중에서 무조건 한 명을 골라야 한다. 그런데 여기에 '모두 싫음'이라는 또 하나의 선택지를 주면 어떤 결과가 나올지 생각해 봄직하다. 최소한 유권자 입장에서는 차악(次惡)을 선택했을 때의 무력감이나 기권했을 때의 도덕적 자괴감은 피할 수 있다. 더 바람직하게는 각 정당들이 입후보자를 세울 때 상대 후보를 이기면 된다는 정파적 차원을 넘어 유권자들의 마음에 부합한다는 대의적 시각을 가지고 좋은(?) 후보를 낼 것이라는 점이다.

잘 만든 메커니즘은 조직의 명운을 좌우한다

비즈니스에서도 정부의 규제나 각종 법규, 협회의 규약 등에 의해 업계의 메커니즘(경쟁규칙)이 결정된다. 그런데 현재의 메커니즘에 만족하지 못하는 쪽이 반드시 있기 마련이고, 보통 이들이 판을 바꾸려고 시도한다. 공정경쟁 환경을 조성한다거나 소비자 이익을 제고한다는 등 명분은 그럴듯하지만 이면의 진의를 잘 뜯어봐야 한다. 통신분야의 가입자 보조금, 카드사업의 마케팅 방식, 부동산시장의 각종 규제 등에서 새로운 메커니즘은 경쟁 당사자들뿐 아니라 국가경제 전체에 예상치 못한 큰 파장을 불러올 수 있기 때문이다.

회사 내부에도 메커니즘 디자인이 중요하다. 특히 인사조직 메커니즘이 그렇다. 원칙은 간단하다. 누가 회사에 공(功)을 세웠고 누가 해(害)를 끼쳤는지를 명백하게 평가하고, 거기에 맞게 보상과 처벌을 하면 된다. 하지만 현실에서는 온갖 예외 케이스들이 튀어 나오면서 이 간단한 원칙이 지켜지지 못하는 경우가 허다하다. 한번 원칙에 금이 가면 그다음부터는 걷잡을 수 없다. 제도의 허점을 교묘히 파고드는 약삭빠른 사람들만 나서게 되고 결국 피해는 묵묵히 일하는 우직한 직원들에게 돌아간다. '앗 뜨거워, 앗 차가워'를 반복하는 샤워실의 바보가 되지 않으려면 인사 및 조직관리 메커니즘만큼은 흔들림이 없어야 한다.

조지 오웰의 『1984』를 보면 '표정죄(Face crime)'라는 말이 나온다. 빅브라더가 세상을 온전히 통제하려는 목적으로 개인의 내밀한 사색과 공상을 금지하기 위해 만든 죄이다. 발각될 경우에는 사형이나 강제노동 25년형이다. 21세기를 살아가는 우리는 '표정죄' 따위를 고민하지 않아도 된다. 직장을 좀 더 즐겁고 행복하게 만드는 메커니즘에 대해 마음껏 상상하고 사색하는 것이 우리 직장인의 권리이자 책임이 아닐까.

자, 영화의 결말. 추락하는 것은 날개가 없다고 했던가? 리슨의 위험한 질주는 마침내 고베 대지진으로 인한 일본 니케이 지수의 폭락으로 막을 내리고 베어링스에 14억 달러에 달하는 손실을 입힌다. 베어링스는 그 여파로 파산하고 네덜란드 ING에 단돈 1파운드에 피인수된다. 1995년 당시 불과 스물여덟 살이었던 리슨은 자본주의의 성공과 추락을 온몸으로 보여주며 싱가포르에서 6년 6개월의 징역형을 언도받는다(죄질에 비해 형량이 너무 가벼운 감이 있다).

"베어링스 안됐지? 그러게 사람을 잘 썼어야지." 영화 후반부 체포되기 직전, 아내와 도망가면서 리슨이 던지는 대사가 얄밉도록 의미심장하다.

이 영화는 거짓말 같은 실화이다. 제일 믿기지 않는 부분은 베어링스처럼 유서 깊은 대형 은행이 어떻게 말단직원 한 명의 위험천만한 일탈을 방치했는가 하는 점이다. 결론적으로 말하면 위험의 조짐을 사진에 경고하고 통제할 메커니즘이 없었다는 말이다. 남의 얘기가 아니다. 최근에 우리가 반복해서 맞닥뜨리는 안전사고 문제는 한국 사회의 안전 메커니즘이 얼마나 부실한가를 잘 보여준다.

직장은 생명체, 메커니즘으로 움직여라

'포상은 고사하고 제발 꼴찌는 면해야 할 텐데……' 이기분 상무는 퇴근길 지하철에서 여고생들이 재잘거리는 걸 물끄러미 지켜보면서 감사나눔 방법들을 고민했다. 그때 불현듯 여고생 시절에 유행했던 놀이 하나가 떠올랐다.

행운의 편지! 누군가에게 그 편지를 받으면 4일 내에 똑같이 베껴서 7명에게 전달해야만 하는 그 편지 말이다. 4일을 넘기거나 7명을 못 채우면 비명횡사한단다. 케네디 대통령이 암살당한 것도 7명을 못 채워서 그랬다지 아마.

바로 그거다. 일단 이기분 상무가 직원 한 명에게 감사 메일을 보내는 거다. 그걸 받은 직원은 다른 직원에게 또 감사 메일을 보내고 (음, 하루 내에 보내라고 해야겠다), 그걸 받은 직원은 또 다른 직원에게 보내는 거다.

'우리 부서가 100명쯤 되니까 순차적으로 돌리면 100일이면 한 턴이 돌게 되겠군. 가만있어 보자. 한 통이 아니라 각자 두 통씩 쓰는 걸로 하면 전파 속도가 기하급수적으로 늘어나서 딱 일주일이면 부서 전체가 한 턴이 돌겠네.'

이 상무는 이걸 감사바퀴 운동이라고 불러야지 하는 생각도 해본다. '매주 초에 내가 새롭게 바퀴를 돌리는 거야. 기왕이면 매주 감사 주제를 다르게 하는 것도 좋겠네. 폭탄돌리기 아니냐고 불평이 나올 수 있겠지만 상무인 내가 지시하면 지네들이 어쩌겠어. 이렇게 하면

누가 중간에 메일을 안 보냈는지 책임 소재도 명확해지니까 군소리 못하겠지.'

회사는 빌딩이나 공장만을 의미하지 않는다. 주식시장에서 거래되는 권리도 아니고, 재무제표로 설명되는 숫자도 아니다. 생명체이다. 생명을 가진 사람들이 모여 회사를 만들고 굴러가게 한다. 그러다 보니 사람들 간의 이해관계가 뒤엉키게 되고 필연적으로 갈등이 발생할 수밖에 없다. 따라서 회사가 본래 목표로 했던 역할을 제대로 이행하기 위해서는 제대로 된 메커니즘이 반드시 필요하다. 100년 이상 장수하는 회사와 한 번 반짝했다가 사라지는 회사의 차이는 결국 얼마나 정교한 메커니즘으로 직원들의 행동을 유도하고 조율했느냐에 달려 있다.

죄수를 살려라

18세기 말 식민지 개척 시절, 영국 정부는 호주를 범죄자 유형지로 정하고 죄수들을 배로 호송했다. 그런데 호주까지의 긴 항해에 지친 수많은 죄수들이 배 안에서 사망하는 문제가 발생한다. 선장들에게 죄수들 건강에 각별히 신경 써줄 것을 당부했지만 아무 소용이 없었다. 그런데 아주 간단해 보이는 아이디어 하나가 상황을 180도 바꿔버린다. 선장에게 지급되는 보수 기준을 승선하는 죄수 수가 아니라 무사히 도착하는 수로 바꾸자 죄수 생존율이 4퍼센트에서 무려 98퍼센트로 향상된다! 메커니즘 디자인의 힘이 이렇게 놀랍다.

직장은 게임이다

초판 1쇄 인쇄 2015년 11월 22일
초판 1쇄 발행 2015년 12월 2일

지은이 박용삼 | **펴낸이** 신경렬 | **펴낸곳** (주)더난콘텐츠그룹

기획편집부 남은영 · 민기범 · 허승 · 이성빈 · 이서하 | **디자인** 박현정
마케팅 홍영기 · 서영호 · 박휘민 | **디지털콘텐츠** 민기범
관리 김태희 | **제작** 유수경 | **물류** 박진철 · 윤기남
책임편집 민기범

출판등록 2011년 6월 2일 제2011-000158호
주소 04043 서울특별시 마포구 양화로 10길 19, 상록빌딩 402호
전화 (02)325-2525 | **팩스** (02)325-9007
이메일 book@thenanbiz.com | **홈페이지** http://www.thenanbiz.com
ISBN 978-89-8405-835-4 03320

한국출판문화산업진흥원 2015년 우수출판콘텐츠 제작지원사업 선정작입니다.